COURS

DE

MÉTALLURGIE GÉNÉRALE

PROFESSÉ

A L'ÉCOLE DES ARTS ET MANUFACTURES ET DES MINES
ANNEXÉE A L'UNIVERSITÉ DE LIÉGE,

PAR

Ad. LESOINNE,

COMMANDEUR DE L'ORDRE D'ISABELLE-LA-CATHOLIQUE,
CHEVALIER DE L'ORDRE DE LÉOPOLD,
PROFESSEUR ORDINAIRE A LA FACULTÉ DES SCIENCES DE L'UNIVERSITÉ DE LIÉGE,
MEMBRE HONORAIRE DE L'ASSOCIATION DES INGÉNIEURS
SORTIS DE L'ÉCOLE DE LIÉGE,
MEMBRE DE LA COMMISSION PROVINCIALE DE STATISTIQUE,
DU CONSEIL DE SALUBRITÉ PUBLIQUE DE LA PROVINCE,
DU COMITÉ DES CHARBONNAGES LIÉGEOIS,
DE LA SOCIÉTÉ ROYALE DES SCIENCES, ETC., ETC.;

RÉDIGÉ

Sur les notes du professeur et augmenté de renseignements nouveaux

PAR

Aug. GILLON,

INGÉNIEUR CIVIL,
SECRÉTAIRE DE L'ASSOCIATION DES INGÉNIEURS SORTIS DE L'ÉCOLE DE LIÉGE,
RÉPÉTITEUR A LA MÊME ÉCOLE.

La métallurgie est l'art de faire de l'argent
en traitant tous les minerais.
AD. LESOINNE.

TOME PREMIER.

Irᵉ PARTIE. — PRÉPARATION MÉCANIQUE DES MINERAIS.

LIÉGE,

F. RENARD, ÉDITEUR,
rue des Augustins.

PARIS, | LEIPZIG,
LACROIX ET BAUDRY, | CHARLES GNUSÉ
quai Malaquais, 15. | commissionnaire.

1860.

COURS

DE

MÉTALLURGIE GÉNÉRALE.

COURS

DE

MÉTALLURGIE GÉNÉRALE

PROFESSÉ

A L'ÉCOLE DES ARTS ET MANUFACTURES ET DES MINES
ANNEXÉE A L'UNIVERSITÉ DE LIÉGE,

PAR

Ad. LESOINNE,

COMMANDEUR DE L'ORDRE D'ISABELLE-LA-CATHOLIQUE,
CHEVALIER DE L'ORDRE DE LÉOPOLD,
PROFESSEUR ORDINAIRE A LA FACULTÉ DES SCIENCES DE L'UNIVERSITÉ DE LIÉGE,
MEMBRE HONORAIRE DE L'ASSOCIATION DES INGÉNIEURS
SORTIS DE L'ÉCOLE DE LIÉGE,
MEMBRE DE LA COMMISSION PROVINCIALE DE STATISTIQUE,
DU CONSEIL DE SALUBRITÉ PUBLIQUE DE LA PROVINCE,
DU COMITÉ DES CHARBONNAGES LIÉGEOIS,
DE LA SOCIÉTÉ ROYALE DES SCIENCES, ETC., ETC.;

RÉDIGÉ

Sur les notes du professeur et augmenté de renseignements nouveaux

PAR

Aug. GILLON,

INGÉNIEUR CIVIL,
SECRÉTAIRE DE L'ASSOCIATION DES INGÉNIEURS SORTIS DE L'ÉCOLE DE LIÉGE,
RÉPÉTITEUR A LA MÊME ÉCOLE.

La métallurgie est l'art de faire de l'argent
en traitant tous les minerais.

AD. LESOINNE.

TOME PREMIER.

LIÉGE,

F. RENARD, ÉDITEUR,
Rue des Augustins.

PARIS,	LEIPZIG,
LACROIX ET BAUDRY,	CHARLES GNUSÉ,
Quai Malaquais, 15.	Commissionnaire.

1860.

LIÉGE.

IMPRIMERIE DE J. DESOER.

La métallurgie est l'art de faire de l'argent en traitant tous les minerais. Telle est la forme piquante qu'Adolphe Lesoinne aimait à donner à l'un des principes qu'il développait dès les premières leçons de son cours de métallurgie à l'université de Liége. J'en ai fait l'épigraphe de cet ouvrage. Elle accuse au fond le caractère éminemment industriel qu'Ad. Lesoinne a toujours imprimé aux études qu'il dirigeait; elle rappelle dans sa forme cette verve aisée dont il savait animer ses leçons; elle réveillera chez ses anciens élèves, si honorablement répandus dans l'industrie de tous les pays, la mémoire des qualités de l'homme et du savant, un souvenir charmant et un souvenir plein de reconnaissance.

Adolphe Lesoinne a fait, pour les études métallurgiques dans notre pays, ce que quelques hommes, tels que John Cockerill, ont fait pour le développement de l'industrie même. Il fut l'un des organisateurs de l'Ecole des arts et manufactures et des mines de Liége; il eut le difficile honneur d'y créer le cours de métallurgie, qu'il professa pendant vingt-cinq ans. — Durant ces nombreuses années, il réunit, pour les besoins de son enseignement, une grande quantité de notes sur toutes les parties de cette science. La connaissance qu'il avait des principales langues de l'Europe lui permettait de ne rien ignorer des études et des observations que les ingénieurs consignent dans les annales scientifiques et industrielles de beaucoup de pays ; les voyages qu'il entreprenait lui étaient l'occasion de contrôler les renseignements déjà recueillis et d'en prendre de nouveaux ; instruit dans la science par de fortes études, instruit dans la pratique par ses relations et ses intérêts, Adolphe Lesoinne, jusqu'à l'époque où la maladie vint atteindre son activité naturelle, fit de précieux efforts pour que son cours restât l'expression succincte et fidèle de ce qui s'accomplissait de plus avancé dans le travail des usines.

On a pensé qu'il serait utile de conserver ces notes rassemblées avec un soin si éclairé, on a pensé à les publier : j'ai accepté la mission de les coordonner et d'en former un *Cours complet de Métallurgie générale.*

Un tel cadre avait ses exigences : Ad. Lesoinne n'avait jamais eu en vue la publication de son cours.

Lorsqu'en 1850 il fut décidé que l'étude de la métallurgie à l'école comprendrait deux années, plusieurs parties de ce cours purent enfin recevoir les développements que leur importance exigeait. C'est ainsi qu'Ad. Lesoinne avait résolu d'étendre notablement les considérations sur la préparation mécanique des minerais, de même que s'étaient multipliés dans notre pays les ateliers où s'exécute ce travail. Déjà il avait commencé à s'entourer de renseignements sur cette matière encore assez confuse : il avait entrepris la traduction de l'ouvrage allemand publié par Hartmann sous le titre *Aufbereitung der Erze* dont il avait adopté les principes. Mais cette traduction s'arrête au broyage des minerais. J'aurais manqué au programme du professeur si je n'avais cherché à compléter cette partie du cours. J'ai réuni, à cette fin, des renseignements puisés aux sources les plus estimées; j'ai cru devoir y introduire des notions sur plusieurs appareils qui n'avaient pas encore été décrits, tels que : le cône débourbeur, le trommel de Corphalie, le système de trommels du Harz, le trieur à vent d'Engis, les meules broyeuses essayées à Prayon, les cribles à dépôt continus, les tables tournantes, etc.; j'y ai ajouté enfin, dans un chapitre additionnel, des données sur le lavage de la houille.

La section des combustibles a également demandé des développements et les fours à coke imaginés par d'anciens élèves de l'Ecole de Liége et construits en

Belgique dans ces dernières années, en ont particulièrement été l'objet.

Dans les autres parties de l'ouvrage, j'ai pris pour tâche de m'écarter le moins possible des manuscrits du professeur ; mais j'aurais assurément méconnu l'esprit dans lequel ils ont été formés, si je n'avais cherché à les augmenter de renseignements nouveaux. La métallurgie est établie sur un terrain mouvant ; les procédés des usines, lorsqu'ils sont rationnels, empruntent aux circonstances leur raison d'être, telle pratique excellente ici ne saurait se justifier ailleurs ; l'économie de tel élément de travail est importante dans ce pays et dans un autre les préoccupations sont différentes : elles résultent de la nature des matières premières, des ressources locales, du prix de la main-d'œuvre, des transports et l'on doit ajouter de l'état financier des établissements : de là la diversité des procédés. En même temps, à mesure qu'avec les ingénieurs la science s'introduit dans les usines, on accepte de nouvelles difficultés de travail ; grâce aux hommes venus des écoles, des usines se sont établies aujourd'hui dans des conditions de vitalité qu'on n'aurait pas examinées il y a trente ans. Je n'ai pu me dispenser de tenir compte de cet état de mobilité permanente de la science métallurgique, mais je n'ai toutefois pas dû perdre de vue que les limites d'un cours ne permettaient pas d'en faire une réunion de traités spéciaux.

Si j'ai su peser convenablement ces considérations inverses, j'ai l'espoir d'avoir produit les notes laissées par notre regrettable professeur, dans les meilleures conditions d'utilité pour les élèves de l'Ecole des arts et manufactures et des mines.

Liége, le 1er novembre 1859.

Aug. GILLON.

COURS COMPLET

DE

MÉTALLURGIE GÉNÉRALE.

NOTIONS PRÉLIMINAIRES.

On nomme *métal* tout corps simple , c'est-à-dire indécomposé jusqu'à présent et qui est susceptible de prendre un éclat particulier bien connu sous le nom d'*éclat métallique*.

Les métaux sont de bons conducteurs de la chaleur et de l'électricité. Ils sont propres à recevoir un beau poli. Beaucoup jouissent à différents degrés de qualités importantes, telles que la dureté, la ténacité, la malléabilité, la ductilité, l'élasticité, la fusibilité, la sonorité. Ces propriétés précieuses assignent aux métaux le premier rang parmi les matières utiles aux arts.

La chimie, qui enseigne les lois suivant lesquelles les différents corps se combinent et se séparent, traite de ces lois relativement aux métaux dans une de ses parties que l'on nomme *chimie métallurgique*.

L'application des principes de la chimie à la séparation des corps engagés dans les productions naturelles du règne minéral, s'appelle *docimasie*, si cette application a lieu en petit, et *minéralurgie* quand on opère en grand. La première de ces sciences sert de contrôle à la seconde. La docimasie détermine la quantité des différents corps associés dans les produits minéraux, la minéralurgie indique les procédés qui présentent le plus d'avantages économiques pour parvenir à la séparation de ces corps.

Il y aura autant de subdivisions de la docimasie et de la minéralurgie qu'il y a de corps différents qui peuvent s'extraire des productions minérales. Si ces corps sont des métaux, l'application des principes de la chimie à leur extraction en grand s'appelle *métallurgie*.

Chaque métal jouit de propriétés particulières ; le traitement des combinaisons naturelles reposera sur la nature des substances qui y entrent ; ainsi, l'étude de la métallurgie se trouve intimement liée à celle de la chimie. Les procédés d'extraction varieront dans chaque cas, et la métallurgie comportera autant de divisions qu'il y aura de métaux différents à extraire. Mais il faut entendre que la métallurgie est une science d'application industrielle, que le métallurgiste s'occupe uniquement des métaux recherchés par le commerce, et que les procédés qu'il emploie doivent le mettre à même de les livrer avec profit.

Les productions du règne minéral, ou les com-

binaisons naturelles que le docimasiste et le minéra-
lurgiste traitent pour en extraire diverses substances,
sont appelées *minerais* quand elles sont à l'état solide.
Certaines eaux tiennent en dissolutions des substances
minérales, on les nomme *soole* en allemand; on ne
doit pas les confondre avec les dissolutions, *lauge,*
qui sont déjà des produits d'art.

Les minerais métalliques, c'est-à-dire les productions naturelles qui renferment des métaux, tirent
leur nom du métal qu'on en extrait. Souvent c'est
le métal qui s'y trouve en plus grande abondance
qui leur donne son nom. Si deux ou un plus grand
nombre de métaux se rencontrent à la fois dans un
même minéral, ce minéral est réputé minerai du
métal qui, extrait d'un poids donné, représente la
plus grande valeur commerciale.

La connaissance des parties constituantes des minerais est aussi importante pour le métallurgiste que
celle des propriétés des divers métaux ; car c'est sur
cette connaissance que se trouve basée l'élaboration
des minerais pour l'extraction des métaux. Le but des
opérations métallurgiques et docimastiques ne peut
être atteint que lorsque le minerai est amené à un
état favorable à l'extraction du métal qui y est contenu,
et le choix des moyens à employer pour amener le
minerai à cet état ne dépend pas seulement de la
connaissance des propriétés du métal, mais il exige
encore une étude approfondie des combinaisons dans
lesquelles le métal peut se trouver engagé dans les
productions naturelles.

On peut dire, en termes généraux, que les métaux
se rencontrent dans les minerais sous cinq états
différents, savoir :

1° A l'état natif, c'est-à-dire non combiné et simplement engagé mécaniquement dans la gangue ;

2° A l'état natif et uni à un autre métal également à l'état natif, c'est-à-dire en alliage ;

3° Uni au soufre, à l'arsenic etc., ou, comme on disait autrefois, *minéralisé* par ces corps ;

4° Uni à l'oxygène, à l'état d'oxide pur ou à l'état d'hydrate ;

5° A l'état d'oxide uni aux acides.

Les métaux ne se rencontrent que rarement à l'état natif : communément ils sont unis à d'autres substances. Ce n'est donc qu'exceptionnellement que l'on pourra séparer un métal des matières étrangères qui l'accompagnent, par la chaleur seule, soit en fondant le métal qui, par sa plus grande pesanteur spécifique, se sépare de la gangue vitrifiée qui surnage, soit en le dégageant par distillation s'il est volatil. Dans les cas ordinaires, pour détruire la combinaison naturelle dans laquelle est retenu le métal, il sera nécessaire d'introduire l'action de certains corps qui pourront s'unir à la matière recherchée et s'isoler avec elle, ou bien qui la dégageront en s'emparant des substances qui l'accompagnent dans le minerai.

Le but de la métallurgie est d'indiquer les procédés convenables pour extraire un métal de ses minerais. Le métal une fois obtenu, le travail ultérieur qu'on lui fait subir n'appartient plus à la métallurgie proprement dite, il est du ressort de la technologie ; néanmoins on est convenu d'y réunir le travail de la fonte, le travail des laminoirs et des tréfileries.

L'ensemble des procédés usités pour tirer parti d'un minerai, se nomme *travail du métal* ou de la substance qu'on cherche à obtenir. La matière utile extraite des minerais se nomme le *produit*, mais il faut particulièrement comprendre par ce mot, la quantité de matière utile extraite.

Il n'est pas toujours possible d'obtenir du minerai, par une seule opération, le métal, ou du moins tout le métal qu'il peut rendre ; on est souvent obligé de le soumettre à plusieurs traitements successifs pour avoir le produit à l'état de pureté et en quantité selon la richesse de la mine. On donne alors le nom de *produits intermédiaires* aux combinaisons du métal, que l'on obtient dans les premières opérations du traitement, comme matières à traiter ensuite pour en extraire les *produits finis*. Les produits intermédiaires composés de sulfures métalliques se nomment *mattes*, (en allemand *Steinerz*). Souvent on obtient à la fois le produit et le produit intermédiaire. Ce dernier est soumis à un nouveau traitement, qui n'a pas pour but un changement de combinaison, mais seulement la concentration du métal ; l'opération se nomme alors *travail de concentration* et dans quelques cas, *fonte de concentration* ou *fonte d'enrichir*.

Outre le métal, les opérations métallurgiques donnent des *résidus* (en allemand : *Abgœnge, Ruckstœnde*), qui sont un mélange ou une combinaison des matières étrangères qui accompagnaient le métal pendant le travail ; lorsque les résidus ont été amenés par la chaleur à l'état fluide, on les appelle *scories* ou *laitier*. Des métaux volatils ou des composés volatils condensés s'accumulent parfois dans quelques parties des appareils ; on les appelle *cadmies*. La nature des résidus présente beaucoup de variété. Quelquefois les résidus sont assez riches pour être l'objet d'un nouveau traitement qu'on nomme *travail* ou *fonte des résidus, fonte des scories*. Ordinairement ces matières sont trop pauvres pour payer les frais d'une élaboration ; mais à certaines époques du travail, leur contenu en métal peut s'élever jusqu'à valoir une opération nouvelle, dès lors on les met à part.

Le minerai brut, tel qu'on l'extrait des exploitations minières, n'est pas toujours propre à passer directement au traitement métallurgique. Une gangue stérile plus ou moins abondante l'accompagne souvent. On s'en débarrasse en partie par une série d'opérations, dont le développement dépend des circonstances et dont l'ensemble porte le nom de *préparation mécanique des minerais*.

Mais ce n'est pas là la seule opération préparatoire au traitement métallurgique que doivent subir certains minerais. Pour faciliter ou rendre possible leur élaboration, on modifie encore leur état ou leur composition par l'action de la chaleur, par un *grillage*, une *calcination*. Lorsque la chaleur a seulement pour résultat de désagréger les parties constituantes du minerai, elle effectue une véritable calcination ; mais souvent elle provoque des modifications dans la composition chimique en chassant l'eau et l'acide carbonique combinés dans beaucoup de minerais avec des oxides métalliques, en dégageant une partie du soufre ou de l'arsenic combiné avec des métaux ; on peut la faire agir enfin avec ou sans le concours de l'air atmosphérique selon que le corps à expulser exige ou non une oxidation pour devenir volatil.

Pour opérer la séparation du métal et des autres matières du minerai, on ajoute fréquemment à celui-ci une substance accessoire. Lorsque le corps ajouté n'opère pas directement la [séparation, mais la facilite en rendant le minerai plus fusible, on donne à ce corps le nom de *flux* ou *fondant*; lorsqu'il intervient directement dans cette séparation, il porte le nom de *réductif*. Le mélange des minerais et des substances telles que les fondants, les réductifs, etc., qui par leur nature aident au traitement métallurgique, se nomme *lit de fusion*. La quantité de ce mélange traitée en une fois, mesurée ou pesée, s'appelle *charge* ou *poste* (en allemand : *Schicht*, *Vorlauf*); le point où on le place se désigne en allemand par *Schichtboden*.

On entend par *assortir les minerais* faire un mélange convenable de minerais différents d'un même métal, qu'on trouve avantageux de soumettre ensemble au traitement. Il arrive quelquefois, que ces divers minerais se servent mutuellement de fondant et même de réductif, il n'y a plus dès lors de distinction entre former le lit de fusion et assortir les minerais.

Dépendant des propriétés des métaux à obtenir ainsi que des divers états sous lesquels on les rencontre dans les productions naturelles, le mode de traitement des minerais présentera nécessairement des caractères fort variés. Tantôt on séparera le métal par volatilisation (arsenic) et tantôt par une simple fusion (or, argent, bismuth); d'autres fois on opérera la séparation par l'oxidation (acide arsénieux), ou par la réduction (fer, plomb, zinc, étain), ou par l'oxidation et la réduction successive (plomb, cuivre), enfin par l'addition d'un corps auxiliaire (fonte, amalgames).

Ces séparations, ces combinaisons nouvelles, sont favorisées par l'action de la chaleur. Presque toutes les opérations métallurgiques ont besoin d'une haute température , et quelques-unes d'entre elles de la température la plus élevée que l'on sache produire dans les arts.

Pour atteindre le but que l'on poursuit , on doit , dans la plupart des cas , liquéfier par la chaleur le minerai avec ou sans addition; de là le nom d'*art de fondre* les métaux qu'on donnait autrefois à la métallurgie ; mais ce terme exprimait une idée trop restreinte puisqu'il est tel cas que l'on pourrait citer, où la fusion des matières serait très-nuisible à l'élaboration.

L'espace limité dans lequel on expose à l'action d'une forte chaleur les matières soumises aux opérations métallurgiques s'appelle *four* ou *fourneau*. Le fourneau est, à proprement parler, l'atelier du métallurgiste ; de sa construction convenable dépend fréquemment le succès du travail. Les dispositions intérieures se déterminent d'après la nature du minerai et du métal à obtenir. Dans quelques cas, il est nécessaire, et , dans d'autres , il n'est pas au moins désavantageux, de placer le minerai immédiatement en contact avec le combustible ; dans d'autres cas , le minerai ne doit pas toucher le combustible , mais peut être exposé directement à l'action de la flamme qu'il dégage ; enfin il est des opérations où le minerai ne peut être exposé au contact immédiat ni du combustible ni de sa flamme.

Si l'étude des dispositions des fourneaux est importante pour le métallurgiste, la connaissance des *combustibles* que l'on emploie pour produire la haute température qu'exigent la plupart des opérations des usines, mérite aussi toute son attention. Car, c'est par la comparaison du prix de ces matières et de leur effet utile, qu'on doit se décider souvent à adopter tel procédé plutôt que tel autre et à prendre telle ou telle disposition dans la construction des appareils. L'activité de la combustion, la conduite de la température ou de l'action de la flamme dans ces appareils dérive de la quantité d'air qui y pénètre et de sa pression ; les *machines soufflantes* qui fournissent cet air forment ainsi un sujet connexe avec celui des fourneaux.

Des notions très-succinctes qui précèdent, il résulte qu'avant d'entreprendre l'examen du traitement métallurgique proprement dit, il convient d'aborder plusieurs sujets d'étude qui ont trait à des opérations préparatoires, à des éléments généraux de travail, que le métallurgiste doit accorder avec les circonstances pour l'élaboration bien entendue des produits des mines. Ces sujets sont :

1. La préparation mécanique des minerais ;
2. Les fourneaux et les machines soufflantes ;
3. Les combustibles ;
4. La calcination et le grillage des minerais ;
5. Les flux ou fondants, les additions.

[illegible]
[illegible]
[illegible]
[illegible]
[illegible]
[illegible]
[illegible]
[illegible]
[illegible]
[illegible]
[illegible]
[illegible]
[illegible]
[illegible]
[illegible]
[illegible]

PREMIÈRE SECTION.

PRÉPARATION MÉCANIQUE DES MINERAIS.

Les produits que fournissent les exploitations de matières minérales ne sont généralement ni assez riches, ni assez purs, pour qu'on puisse les soumettre directement au traitement métallurgique. Il est rare qu'on ne doive pas préalablement les faire passer par certaines préparations mécaniques dont le but est, soit de débarrasser les portions utiles des minerais, des gangues stériles qui généralement les accompagnent, soit de séparer les uns des autres dés minerais de diverses natures, d'un même métal ou de différents métaux, qui se trouvent mélangés dans les produits des mines.

Dans le premier cas, en concentrant sous un moindre volume toute la partie utile, on évite de soumettre à un traitement métallurgique coûteux une grande masse de matières stériles ; dans le second cas, en séparant les uns des autres les minerais de différentes natures, on devient à même de traiter chaque minerai à part. Or, c'est là un avantage important, si ce n'est une circonstance indispensable, attendu que le plus souvent le traitement métallurgique qui convient pour l'obtention d'un métal ne peut servir pour l'obtention d'un autre, attendu encore que des minerais d'un même métal peuvent demander des élaborations différentes.

Cette séparation plus ou moins complète des gangues stériles d'avec la partie utile, ce partage plus ou moins parfait selon la diversité des minerais métalliques associés dans une même mine, sont les résultats que l'on poursuit dans cette partie du travail des minerais qui porte le nom de *préparation mécanique*.

Au premier abord, on comprend qu'en général, il doit être plus facile de séparer un minerai métallique de ses gangues terreuses ou pierreuses, que de séparer plusieurs minerais engagés dans une même substance minérale, par cette raison que la différence des poids spécifiques entre un minerai et sa gangue est communément bien plus considérable que la différence des poids spécifiques entre deux minerais. Les difficultés de la classification de plusieurs minerais en diverses catégories peuvent même être telles, qu'il faille renoncer à l'effectuer, et ce cas se présente, par exemple, avec les cuivres gris, les pyrites et les diverses variétés de chalcopyrites. Dans de telles circonstances, on se contente alors

d'éloigner aussi bien que possible les gangues pierreuses, et on cherche ensuite à opérer, par des
moyens métallurgiques, la séparation des divers métaux contenus dans le minerai enrichi.

Dans d'autres cas moins difficiles, on cherchera à
partager les minerais qui renferment plusieurs métaux
en catégories ne contenant, autant que possible, qu'un
seul métal, ou, pour parler plus exactement, dans chacune desquelles un seul métal dominera. Bien que cette
complication de composition dans les minerais pré-
parés qu'on livre aux usines, n'entraîne qu'une complication équivalente dans l'ensemble des procédés
qui servent à l'extraction du métal, il faut néanmoins
la considérer comme un inconvénient qu'il est important d'éviter le plus possible. Dans quelques cas particuliers même, il peut se faire qu'une certaine quantité de matière étrangère rende un minerai tout-à-fait
impropre au travail métallurgique, et ce serait le
cas, par exemple, si des minerais de fer renfermaient,
en quantité notable, des pyrites, des pyrites arse-
nicales ou de l'apatite.

Dans cet exemple particulier, intervient naturellement, comme raison déterminante, le bas prix du
fer qui ne permet pas de s'arrêter, pour de tels
minerais, à une préparation mécanique coûteuse, ni
à un traitement métallurgique compliqué. On voit donc
que dans ces questions de préparation mécanique,
ainsi que dans la manière d'y procéder, il faut tenir
singulièrement compte de la valeur vénale du minerai ;
il faut considérer encore que, quel que soit le mode
employé, toute préparation mécanique entraîne inévitablement une perte de minerai utile, et que cette
perte est d'autant plus grande qu'on essaie d'atteindre

un plus haut degré de concentration dans le produit
de la préparation : c'est ainsi qu'on ne saurait pré-
tendre à une séparation nette et absolue de toute
gangue , à raison de la trop grande perte qu'un tel
travail occasionnerait.

On ne doit jamais perdre de vue que toute question
de métallurgie doit aboutir à une opération commerciale ; en d'autres termes , que c'est un principe
fondamental de cette science , que la valeur marchande
d'un métal doit couvrir les frais de toutes les opérations qui concourent à sa production et procurer
un bénéfice. Il ne suffit pas de connaître les frais
d'exploitation du minerai brut pris sur le carreau
de la mine , les frais de transport et ceux d'une
préparation mécanique , il faut encore régler cette
préparation de la façon la plus avantageuse pour
les circonstances où l'on se trouve ; il faut avoir
égard à ces deux considérations que plus la purification mécanique est poussée loin , plus il y a de
perte de minerai utile , et qu'en même temps, d'autre
part , plus le minerai est riche , plus avantageux est
le travail métallurgique. Il est donc important d'établir
un examen comparatif entre les dépenses qu'entraîne
la production d'une même quantité de métal, d'abord
en considérant les frais d'un traitement métallurgique
opéré sur des minerais plus ou moins concentrés ;
en second lieu, en considérant ensemble le surcroît
de dépense d'une préparation mécanique plus per-
fectionnée et les frais d'un traitement métallurgique
opéré sur les minerais plus purs et plus riches que
fournit cette préparation.

Un tel examen demande du tact et de l'intelligence. Le plus souvent on doit le faire pour chaque

localité, car la qualité du minerai, la manière dont il se trouve engagé dans sa gangue, la nature de cette gangue, exercent une très-grande influence sur le mode de préparation mécanique qu'il convient d'adopter; tel mode de préparation très-convenable pour certains minerais dans certaines localités, ne serait plus applicable avec avantage, pour telle autre substance minérale dans d'autres conditions. Il est, cependant, quelques principes généraux qui sont d'application usuelle pour toutes les méthodes de préparation mécanique. Pour les apprécier, et pour fixer les idées sur le choix à faire, nous considérerons quelques-unes des circonstances dans lesquelles peuvent se rencontrer les minerais à préparer.

Un point à examiner d'abord, c'est la dureté du minerai; non pas sa dureté absolue, mais la dureté de la partie utile relativement à celle de la gangue : c'est cette différence d'état qui importe surtout, puisqu'il s'agit de séparer une partie de l'autre. Les minerais sont dits résistants, lorsque la partie utile est peu fragile et peut être séparée sans trop de difficulté de sa gangue : si la gangue ne pouvait être enlevée au marteau qu'avec difficulté, le minerai cesserait d'être rangé sous cette dénomination. En second lieu, on doit observer comment le minerai se trouve réparti dans sa gangue. Ainsi, s'il arrivait que la partie utile de la mine fût en fragments volumineux et de plus grande résistance à l'écrasement que la gangue, on conçoit qu'on se trouverait dans des conditions extrêmement favorables pour la purification mécanique. A mesure que le minerai se rencontrera en morceaux moins volumineux, la difficulté de le séparer deviendra plus marquée : il est donc nécessaire d'examiner la grosseur plus ou moins notable des fragments ou des grains de minerai. Le minerai cesse d'être compris sous la dénomination de mine à gros grains, quand on est obligé de le réduire en sable pulvérulent pour en séparer la gangue ; si le minerai utile se trouve en petites particules et très-mélangé de matières stériles, on dit alors qu'il est disséminé dans sa gangue. Ces désignations n'ont du reste rien de bien fixe, elles ont trait surtout à la manière dont le minerai se comporte dans les opérations qu'il doit subir ; c'est ainsi que pour qu'un minerai à gangue solide et peu fragile soit classé parmi les résistants, il faut qu'il y soit en plus gros morceaux que si la gangue était comparativement plus fragile.

Quant à la richesse du minerai brut, on ne doit pas toujours la déduire de la grosseur des fragments de minerai pur que renferment les matières exploitées. Elle est déterminée par l'abondance relative du minerai utile par rapport à la gangue, et il peut très-bien arriver qu'une mine dans laquelle le minerai se trouve disséminé en particules très-fines, contienne en somme plus de matière utilisable, qu'un autre produit d'extraction dans lequel la matière métallique se rencontrerait en fragments plus volumineux ; il suffit que dans ce dernier cas, la proportion de gangue soit relativement plus forte.

Le minerai pur peut encore se présenter dans d'autres modes de répartition que ceux qui viennent d'être signalés. La matière métallique s'offre parfois, dans les produits de l'extraction, sous forme de taches ou d'enduit mince. Un tel minerai ne peut être enrichi par la préparation mécanique. Cependant, on en peut tirer parti dans deux cas : d'abord, quand la partie minérale utile est d'une très-grande valeur; en second lieu, lorsque les taches sont tellement multipliées, lorsque la matière extraite est tellement pénétrée de la substance métallique, qu'on peut regarder le produit direct de la mine, comme un minerai propre à passer immédiatement par les opérations métallurgiques. Dans cet état de choses, c'est le prix du métal à produire, comparé aux frais d'exploitation et de traitement, qui doit décider si un tel minerai est ou n'est pas utilisable. Lorsqu'on a jugé avantageux d'employer ces sortes de matières minérales, le seul enrichissement qu'il convienne de leur appliquer, consiste en un cassage et en un triage à la main, dans lesquels on se borne à séparer et à rejeter les fragments visiblement stériles. Souvent cette séparation se fait dans la mine même, où l'on n'entame que les portions du gîte qui contiennent du minerai. Si, par des circonstances locales, on est obligé d'exploiter en même temps des matières stériles, on les emploie à remblayer les vides laissés par l'exploitation ; ces sortes de minerais n'ont donc pas à passer par une préparation mécanique proprement dite. On rencontre des exemples de ce genre de minerais, dans les schistes cuivreux du Mansfeld; on en trouve plus rarement dans quelques minerais renfermant le cuivre à l'état d'oxide, et plus rarement encore dans quelques minerais contenant des taches de chlorure ou de sulfure argentique.

Quelques minerais se rencontrent très-mélangés d'argile et souvent sous la forme de rognons tout-à-fait enveloppés d'une argile qu'il est très-difficile de séparer. On enlève alors grossièrement ce qu'on peut de cette enveloppe, dans la mine même; puis, à la surface, on étale le minerai sur le sol, en couches minces, pour le livrer le plus complètement possible aux influences de l'atmosphère. Au bout d'un temps on retourne les tas, que l'on reforme ensuite. Les actions successives de la pluie et du soleil, et surtout celles de la gelée et du dégel, détachent l'enveloppe argileuse. Ce procédé est très-efficace quand on a des minerais en rognons. On l'applique à certains minerais de fer; on l'emploie également avec succès pour la calamine blanche à Scharley et sur d'autres points des environs de Tarnowitz.

Lorsque les minerais sont engagés dans une gangue pierreuse, on comprend que leur préparation mécanique exige alors l'emploi de moyens plus compliqués que ceux dont on se sert pour la séparation de l'argile. La première opération qu'on leur fait subir, est un cassage au marteau à la main, suivi d'un triage grossier.

Ce travail est si simple et si bien indiqué, qu'il a dû être en usage dès les temps les plus reculés de l'art des mines. Il est toujours d'un bon emploi comme épuration préparatoire, lorsqu'on l'applique à des minerais dans lesquels la matière utile se rencontre en fragments de grosseur notable, durs et tenaces, et qu'elle y est associée à des gangues comparativement fragiles. Mais si cette même matière se trouvait répandue dans la gangue en masses d'un petit volume, le cassage et le triage à la main n'amèneraient que des résultats fort incomplets et il est clair, à plus forte raison, qu'ils seraient à peu près inapplicables à des minerais disséminés en fines particules dans les matières d'extraction. Cependant, ces derniers minerais se rencontrent fréquemment en grande quantité dans les gîtes métallifères; ils constituent même quelquefois la totalité du gîte des métaux précieux. On a dû naturellement chercher à en tirer parti et on y arrive avec beaucoup de succès, non par un traitement à sec, mais en employant l'eau comme agent de séparation. En vue de ce travail, on trouve alors utile d'employer le cassage pour effectuer un classement par ordre de richesse. Cette opération devient même, dans beaucoup de cas, la base d'une bonne préparation mécanique.

Les anciens savaient utiliser les minerais des métaux précieux, même quand ces matières étaient disséminées en particules très-fines dans leur gangue. Mais les travaux actuels, considérablement perfectionnés, ont présenté cet immense avantage que, malgré le haut prix de la main-d'œuvre, ce ne sont plus seulement les minerais des métaux précieux disséminés que l'on peut enrichir, mais bien encore les minerais des métaux de moindre valeur et qui se rencontrent en grande quantité dans ces mêmes conditions défavorables de dissémination. Autrefois ces derniers minerais étaient ou tout-à-fait négligés, ou fondus tels qu'ils sortaient du sein de la mine : dans le premier cas, c'était une perte sèche ; dans le second cas, c'étaient des frais onéreux résultant d'un traitement métallurgique appliqué à des substances stériles. Aujourd'hui on est arrivé à réaliser un notable avantage en amenant préalablement ces minerais à un certain état de division, pour les concentrer ensuite sous un moindre volume, par un système bien entendu de lavages à l'eau.

L'emploi de l'eau dans la préparation mécanique paraît remonter au temps d'Agricola. Il y a lieu de croire que le bocardage à l'eau, ainsi que les cribles de classement ou à dépôts, ont pris naissance en Bohême; que de là ils ont passé en Saxe et ensuite dans d'autres pays. Toutefois, ces procédés se sont propagés avec une telle lenteur que, bien que les cribles à dépôts fussent en usage à Joachimsthal au commencement du seizième siècle, ils ne furent introduits au Harz qu'à la fin du dix-septième.

Lorsque plusieurs minerais de différents métaux se rencontrent engagés dans un même produit de mine, le cassage et le triage à sec doit, sauf des cas exceptionnels, être exécuté à la main, à cause de l'irrégularité de la distribution des parties hétérogènes. Quand il ne se trouve qu'un seul minerai utile, la préparation mécanique à sec est, on le comprend, considérablement abrégée; elle se borne généralement alors à séparer la matière en différentes catégories, dont chacune correspond à une grosseur de fragments et de grains aussi uniforme que possible, et que l'on fait passer par la préparation mécanique à l'aide de l'eau. Cependant, quelque amélioration qu'on ait introduite dans ce travail à l'eau, des épreuves délicates faites avec soin et exactitude ont montré qu'il entraînait toujours une perte assez notable de matière utile; c'est là, à côté d'un bien, un mal inévitable. Il en résulte qu'il sera toujours profitable de pousser aussi loin que possible la préparation à sec, dont les avantages sont naturellement en raison de la grosseur des fragments du minerai dans sa gangue et qui se fait presque sans perte de matière utile. La perte forcée dont on vient de parler explique aussi pourquoi, quand on travaille des minerais de métaux précieux, on doit préférer souvent de fondre directement des minerais pauvres, plutôt que de chercher à les enrichir par des lavages; car si, d'une part, on a intérêt à soumettre au traitement métallurgique un minerai enrichi, cet avantage d'autre part, peut être plus que compensé par la perte brute en métal précieux que le bocardage et le lavage feraient subir à la matière à traiter.

Ces considérations, qui sont d'une application spéciale dans le cas des métaux précieux, prennent évidemment plus d'élasticité, quand il s'agit de métaux de valeur moindre. Mais, en définitive, quelles que soient les circonstances dans lesquelles on se trouve, le problème à résoudre revient toujours à ceci : le métal perdu par suite d'un perfectionnement plus grand dans la préparation, vaut-il ou ne vaut-il pas le surcroît des frais de fusion et du déchet qu'entraîne nécessairement le traitement d'un minerai plus chargé de matières stériles?

Jetons maintenant un coup d'œil d'ensemble sur la marche générale des opérations ordinaires.

Toutes les matières exploitées dans la mine y sont partagées, suivant leur volume, en minerai brut en gros morceaux (en allemand *Wœnde*), et en menuaille ou minerai en petits fragments (en allemand *Grubenklein*). On fait subir au minerai en gros morceaux, un cassage et un triage grossier, dans la mine même. Les débris provenant de ce cassage et qui ne sont pas tout-à-fait stériles, sont enlevés comme menuaille; les portions stériles sont rejetées dans les remblais de la mine. Dans notre pays, on donne souvent le nom de *roulant* aux gros morceaux de minerai brut, le nom de *fin* au menu minerai brut et à leur mélange le nom de *tout venant*.

Le minerai, au sortir de la mine, est plus ou moins recouvert de boue et de souillures ; il faut l'en débarrasser pour opérer convenablement le cassage et le triage à la main. Ce nettoyage préliminaire sera d'autant plus nécessaire que le volume des fragments sera moindre ; avec des matières volumineuses on peut s'en dispenser, parce qu'en les brisant à coups de masse, on obtiendra suffisamment de cassures fraîches pour guider l'ouvrier dans le cassage et le triage à la main. Quant à tous les menus produits de l'exploitation auxquels nous donnons le nom de menuaille, ils doivent presque toujours être soumis à un débourbage qui s'exécute par des procédés assez variés : tantôt on les passe à la claie ou crible fixe *(Reibesiebe)* sur lequel on les remue avec un râble, dans un courant d'eau ; d'autres fois on combine ce nettoyage avec un classement par fragments et grains de grosseur sensiblement égale pour chacune des catégories, circonstance essentielle pour les opérations ultérieures. Ce nettoyage, en mettant à nu les surfaces des fragments, permet d'en reconnaître la nature, et dès lors le triage peut s'opérer avec facilité.

Les produits métallifères fournis par le premier cassage dans l'intérieur de la mine, subissent à la surface, un second cassage et un second triage grossier ; puis les morceaux qui en proviennent passent enfin à un dernier triage plus soigné que les autres et qui porte le nom de *scheidage* (de *scheiden*, séparer).

Le cassage au sortir de la mine amène les gros morceaux à un état de division qui facilite les manipulations du scheidage, auxquelles sont soumis

en même temps les plus gros morceaux de la menuaille
débourbée. On ne scheide guère que des morceaux
de la grosseur d'un petit œuf. Les morceaux moins
volumineux, mais cependant plus gros qu'une noi-
sette, sont triés à la main et donnent des minerais finis
et des minerais mélangés. Ceux-ci sont broyés et
traités comme le fin.

Souvent le cassage des minerais à la surface ne
s'exécute pas dans le même endroit que le scheidage,
parce qu'il est avantageux que ce cassage ait lieu
sur le carreau même de la mine, afin d'éviter les
frais de transport des matières stériles jusqu'aux
ateliers de scheidage, et qu'on n'a pas toujours là,
un emplacement et des dispositions convenables pour
y exécuter un scheidage proprement dit.

Le scheidage est l'opération la plus importante de
toute la préparation mécanique des minerais : de sa
bonne exécution dépend la proportion de minerai
qu'il faudra réduire en grains fins et concentrer par
le lavage. L'emploi des cribles à dépôts (*Siebsetzarbeit*)
par lesquels on opère une classification des matières,
a introduit une amélioration essentielle, car ils
enlèvent une forte proportion de substances stériles
qui, sans cette manipulation, auraient dû, ou bien
passer par les opérations métallurgiques et augmenter
ainsi considérablement la quantité des matières à
fondre relativement au produit à obtenir, ou bien
passer au bocardage ou à l'écrasage sous les cylindres
ainsi que par les lavages qui en sont la suite, en
augmentant nécessairement les difficultés et les frais
de ces diverses manipulations. Ces conséquences
montrent assez l'importance du scheidage et la nécessité de réunir autant que possible aux ateliers où
il s'exécute, le travail des cribles à dépôts.

Les morceaux trop pauvres pour être soumis au scheidage, les minerais disséminés dans leur gangue en fines particules et les produits des cribles à dépôts qui sont encore mélangés de gangues, constituent ce qu'on nomme la mine à bocarder ou à broyer *(Pochgänge)*. On la réduit en grains entre les cylindres broyeurs ou sous les pilons des bocards, appareils qui seront décrits avec détails ; l'on concentre ensuite le minerai, en éloignant les grains de gangue à l'aide de l'eau. Toutefois, dans le broyage, on ne doit pas chercher à amener la matière au plus grand état de division, mais il faut, au contraire, tendre à réduire le minerai en un sable formé des grains les plus gros que puisse comporter une séparation convenable de la gangue.

Les sables métallifères et les bourbes ou schlamms que produit le broyage, sont entraînés par un courant d'eau, soit dans une suite de chenaux ou rigoles formant labyrinthe, soit dans tout autre classeur, et ensuite dans une série de fosses ou bassins. Dans ce parcours les matières se partagent, d'après leur teneur en minerai, et, jusqu'à un certain point, d'après la grosseur des grains. On reprend ensuite ces sables et ces bourbes pour les soumettre à un lavage ou débourbage dans des caisses ou sur des tables plus ou moins inclinées, qui reçoivent un courant d'eau. Les parties stériles spécifiquement plus légères, sont entraînées par cette eau, tandis que le minerai se concentre de plus en plus dans le dépôt qui reste sur la table ou dans la caisse. Dans certains cas, on reprend de nouveau les sables rejetés de ces tables, pour ressaisir les particules de minerai qui auraient pu être entraînées.

Telle est, à un point de vue général, la marche ordinaire des opérations. Mais on comprend que dans la pratique, il doive se rencontrer beaucoup de variations dues à la nature des minerais et des gangues aussi bien qu'à la manière dont ils se trouvent mélangés dans les matières extraites. Ainsi, par exemple, un minerai pourra se présenter disséminé dans sa gangue de telle sorte qu'il n'y ait pas de scheidage possible, il n'y aura donc pas alors de séparation à sec à la surface. Un autre, dont la gangue ne sera ni trop dure ni trop compacte, se laissera amener à l'état de gros grains sous le bocard ou les cylindres broyeurs, et dès lors, au moyen des cribles à dépôts, on aura l'avantage de soustraire une grande partie du minerai au travail des laveries. Dans d'autres cas, assez rares, il est vrai, la dissémination et la nature du minerai pourront être telles qu'il faille renoncer à le concentrer par la préparation mécanique et qu'on soit obligé de le faire passer aux opérations métallurgiques, tel qu'il se présente à la sortie de la mine. Bien d'autres modifications seront signalées encore, quand nous traiterons de chaque opération en particulier.

Le succès du travail à sec dépend de la surveillance et de l'habileté des ouvriers. Si leur travail est assez simple lorsqu'ils n'ont à séparer qu'un seul minerai de sa gangue, il n'en est plus de même quand ils ont à séparer les uns des autres plusieurs minerais associés; leur travail exige alors une grande adresse de main, un coup d'œil exercé, de l'attention et des soins. Dans le travail à l'eau, indépendamment de son adresse et de son coup d'œil, l'ouvrier s'aide de la différence des poids spécifiques entre le minerai et la gangue. Mais pour qu'il puisse tirer le meilleur parti de cette circonstance, il est important, ainsi qu'on l'a déjà dit, qu'il opère autant que possible sur des matières réduites en fragments de grosseur égale et de forme semblable. Quelques considérations montreront la nécessité de cette condition.

Si l'on discute l'expression de la vitesse d'un corps sphérique tombant sans vitesse initiale dans un milieu résistant, on trouve que la vitesse acquise à un instant donné, varie suivant une loi de progression à peu près en raison directe des racines carrées du poids spécifique et du diamètre des corps (1). En d'autres termes, on peut exprimer le rapport des vitesses V et v de deux corps sphéroïdaux tombant dans l'eau par la formule

$$\frac{V}{v} = \sqrt{\frac{P \times D}{p \times d}}$$

P et p étant les poids spécifiques de ces corps, D et d leurs diamètres respectifs.

Lorsque ces diamètres seront égaux, on voit que les vitesses seront proportionnelles aux racines carrées des poids spécifiques, ce qu'on peut traduire, en fait, comme suit : si l'on jette ensemble dans une cuve pleine d'eau, des fragments de minerai et de gangue ayant même grosseur et même forme, les fragments de minerai arriveront au fond les premiers et y formeront une couche sur laquelle se déposeront ensuite les fragments de gangue. Mais si les diamètres ne sont pas égaux, la formule apprend que de petits fragments de minerai peuvent fort bien n'arriver au fond, qu'après de plus gros fragments de gangue et dès lors il ne se produit plus de séparation des matières.

____

(1) *Annales des mines*, 4ᵉ série, t. IV, p. 355.

S'il n'est pas possible d'atteindre dans la pratique à une parfaite similitude de forme et de dimensions, au moins faut-il chercher à s'en rapprocher le plus qu'il est possible. Cette importante opération du classement des grains en catégories, s'exécute à l'aide de criblages successifs dans divers appareils qui seront décrits par la suite. Les fonds de crible que l'on emploie sont des barreaux plus ou moins écartés, ou des treillis en fil de fer, ou des plaques de tôle percées de trous ronds. Ces dernières plaques sont généralement préférées parce qu'elles donnent des grains de grosseur très-uniforme ; tandis que les cribles à barreaux peuvent laisser passer des fragments de grande surface, tels qu'en fourniraient des minerais schisteux et lamelleux, il suffit que ces fragments soient assez minces ; d'un autre côté, les cribles en treillis de fer sont de moins grande durée que les plaques, et les mailles ne conservent pas toujours leurs dimensions.

Quant à la séparation par l'eau, du minerai et de sa gangue, voici comment elle se produit sur le crible à dépôts. On place sur un tamis un mélange de grains de natures diverses, de minerai, de gangue stérile et de gangue renfermant encore des particules de minerai ; ces grains sont à peu près de même forme et de volume sensiblement égal. On manœuvre le tamis en l'enfonçant brusquement dans l'eau. Pendant cette immersion, l'eau pénètre avec une certaine force à travers les vides du fond et soulève les matières qui s'y trouvent. Lorsque celles-ci retombent ensuite par leur propre poids, la différence des densités leur communique des vitesses de chute différentes, d'où résulte une séparation en couches sur le fond du tamis. Bien que la hauteur de chute des minerais ne soit pas grande, en répétant les secousses un grand nombre de fois, la séparation des grains par ordre de densité décroissante de bas en haut, se fait d'une manière aussi tranchée que s'ils fussent tombés dans une eau d'une grande profondeur. Quand le travail est terminé, la couche supérieure se compose de gangue tout à fait stérile ; ensuite viennent, couche par couche, des grains de plus en plus pesants, c'est-à-dire de plus en plus riches : il ne reste plus qu'à les enlever séparément.

Ce qui précède est applicable à la préparation d'un minerai en grains d'égale grosseur ; mais les choses ne se passent pas aussi simplement lorsqu'il s'agit du lavage des sables et des bourbes de bocard. Quelques dispositions qu'on ait prises pour recueillir les produits bocardés, il a été impossible jusqu'à présent, d'éviter une inégalité marquée dans la grosseur des grains obtenus, et malheureusement l'expérience démontre que le minerai est presque toujours réduit, par l'action du bocard ou même des cylindres broyeurs, en grains bien plus fins que ceux de la gangue stérile. C'est là une particularité fâcheuse qui tient à deux causes : d'abord l'aigreur, la fragilité, plus grande dans la matière métallifère que dans la gangue, a pour résultat bien décidé de réduire la première en particules plus ténues que la seconde ; ensuite, en raison de sa plus grande densité, le minerai reste plus longtemps que la gangue sur la sole du bocard, exposé au choc des pilons ; ce qui amène conséquemment une pulvérisation plus marquée. Toutefois, il faut observer que cette seconde cause de plus grande pulvérisation du minerai par rapport à la gangue, est particulière aux bocards et n'existe pas lorsqu'on emploie les cylindres broyeurs.

De la production de cette farine minérale, il résulte que, malgré la différence des densités du minerai et de la gangue, les eaux qui entraînent en suspension les produits sableux et bourbeux du bocard ne réalisent dans les labyrinthes qu'une séparation fort imparfaite des deux matières, à cause de la grande inégalité de grosseur des grains. Plus le minerai est aigre, c'est-à-dire plus est fine la farine qu'il produit, plus loin sont entraînées par l'eau les particules ténues. Certains minéraux, tels que les métaux natifs, l'argent sulfuré, etc., présentent un autre inconvénient qui conduit à un résultat analogue : ils se réduisent en paillettes ou écailles qui, offrant beaucoup de surface, sont également portées par l'eau à une trop grande distance.

Afin d'atténuer ces inconvénients, il importe de n'user, pour recevoir les produits des bocards, ni de rigoles étroites dans lesquelles l'eau courrait avec une grande vitesse, ni de fosses de labyrinthe trop grandes, trop larges ou placées trop près des bocards, attendu que les grains de gangue un peu volumineux s'y arrêteraient avec trop de facilité en même temps que les grains de minerai. L'expérience a montré du reste, qu'il était préférable, en général, d'employer des chenaux plats, très-longs et procurant un cours tranquille aux eaux troubles des bocards. Lorsque les dépôts s'accumulent dans ces rigoles, on se borne à les exhausser au moyen de petits morceaux de bois.

Néanmoins, on n'obtient tout au plus ainsi qu'une classification grossière, relativement au volume des grains, et quant à la séparation des matières par ordre de densité, elle est insignifiante. Pour poursuivre cette séparation, on fait usage de tables inclinées sur lesquelles on étale la matière que lave sans cesse un courant d'eau , et dans quelques circonstances , des secousses imprimées à l'appareil en augmentent l'effet. Les particules de gangue stérile sont entraînées hors de la table de lavage avant que les particules métallifères aient glissé jusqu'à la partie inférieure; mais il importe à ce résultat que le courant d'eau soit constamment le même et s'étende uniformément sur toute la surface de la table. L'inclinaison des aires de lavage ne doit pas être trop forte, car elle deviendrait un obstacle à la séparation des matières; les grains les plus lourds, en effet, aidés par leur poids, pourraient être entraînés sur le plan incliné, plus loin que ne le seraient les grains de densité moindre; mais sur une aire bien établie, les grains de minerai offriront d'autant plus de résistance à la descente et seront entraînés d'autant moins qu'ils seront plus lourds.

Il suffit de ces aperçus généraux pour montrer toutes les difficultés , toutes les imperfections du lavage des minerais. Ces difficultés et ces imperfections peuvent se traduire pour certains minerais par des pertes de 15, de 30 et même au-delà de 50 p. c. Elles sont donc sérieuses et doivent faire considérer la préparation mécanique à l'aide de l'eau comme un mal nécessaire en l'absence de moyens meilleurs pour séparer la gangue du minerai dans la farine des bocards. D'autre part, ces pertes notables de minerai utile dans le travail des tables témoignent assez de l'importance de ce principe, qu'il faut diriger la préparation à sec avec le plus grand soin , afin de n'avoir à faire passer aux laveries que les minerais trop pauvres pour être fondus sans concentration préalable.

De tout ce qui précède, on doit conclure qu'il n'est guère possible d'exposer un mode général de préparation mécanique applicable dans tous les cas ; le choix à faire entre tels ou tels procédés dépend trop des circonstances locales. Mais pour se diriger sûrement dans l'appréciation de ces circonstances et dans les conséquences qu'il convient d'en tirer , il est nécessaire de bien connaître les dispositions et les effets des divers appareils en usage , ainsi que les procédés appliqués à certaines natures de gangue et de minerai.

Pour arriver à ce résultat, nous passerons successivement en revue les opérations suivantes :

1° Séparation des gangues et première classification des minerais dans l'intérieur de la mine ;

2° Cassage et triage au jour ;

3° Deuxième triage ou scheidage ;

4° Traitement mécanique de la menuaille ; dispositions et appareils servant à son débourbage ;

5° Appareils pour la division mécanique des minerais;

6° Setzage , travail des cribles ou tamis à dépôts ;

7° Classement des sables et des schlamms ;

8° Concentration des matières utiles dans les minerais bocardés ou broyés.

CHAPITRE PREMIER.

PREMIÈRE SÉPARATION DES GANGUES ET PREMIÈRE CLASSIFICATION
DES MINERAIS DANS L'INTÉRIEUR DE LA MINE.

Dans l'intérieur de la mine, on se borne le plus ordinairement à séparer la gangue stérile de celle qui contient du minerai. Cependant, lorsqu'on a des ouvriers convenablement soigneux, on y fait encore un triage assez grossier des minerais selon leur richesse. Cette séparation offrira plus de difficultés et exigera naturellement plus de soin lorsqu'il se rencontrera dans la mine plusieurs minerais, que dans le cas où il ne s'en rencontrera qu'un seul; aussi la nature du gîte décidera-t-elle de l'opportunité de ce premier classement.

Les ouvriers chargés de ce travail doivent connaître parfaitement les caractères extérieurs des gangues et des substances stériles qu'ils détachent du gîte, ainsi que la manière dont elles sont associées. Ils ne doivent pas s'exposer à confondre les matières utiles avec les gangues stériles qu'ils destinent aux remblais de la mine. Si la matière ne se présente pas avec des caractères bien nets et bien distincts, circonstance à laquelle peut contribuer l'éclairage naturellement fort imparfait des travaux, le mineur doit la ranger parmi les matières à extraire, afin qu'elle soit examinée à la lumière du jour.

Mais s'il vaut mieux extraire un peu de gangue stérile que de courir le risque de rejeter dans les rembais de la matière utile, il ne faudrait pas cependant que ces doutes et ces hésitations se présentassent assez souvent pour amener à la surface un excès de matières stériles, pour augmenter notablement et sans profit les frais de l'extraction. C'est un point qui doit surtout attirer l'attention lorsqu'on exécute le havage dans un gîte dont les roches encaissantes, soit le toit, soit le mur, sont de nature fragile et ébouleuse.

La valeur de la matière pèsera naturellement sur le degré d'examen et le soin que l'ouvrier apportera dans son travail ; il est clair qu'il devra traiter des mélanges contenant de la blende par exemple, avec moins de lenteur et de circonspection que s'ils renfermaient de la pyrite cuivreuse, des cuivres gris, ou de la galène argentifère.

Toutefois, aucune matière ne doit être rejetée et employée comme remblai si on ne s'est bien assuré de sa stérilité ou de sa grande pauvreté et il sera toujours de bonne administration de faire surveiller attentivement ce triage dans la mine. Toute menue pierre ou produit d'abatage, trop sali pour être reconnaissable, doit être considéré comme menuaille et amené au jour pour y subir un débourbage. C'est une règle dont on ne doit pas se départir.

Il arrive que certains minerais de métaux précieux, voire de l'or et de l'argent natifs, se rencontrent en particules indiscernables dans une gangue argileuse ou même terreuse. On conçoit combien il importe dans de tels cas de redoubler d'attention pour opérer l'exploitation et le chargement du minerai, afin de ne pas s'exposer à perdre de matière utile dans les remblais. Ces minerais doivent être mis à part, au moment de leur exploitation, dans la taille même. S'ils sont très-riches, on en opère l'extraction dans des cuffats fermés ; et on emploiera avec plus de raison encore cette précaution, lorsqu'il s'agira de métaux précieux à l'état natif plus aisément visibles, et même pour des minerais d'argent riches.

Dans tous les cas où l'on a à exploiter de ces minerais, on conçoit qu'il convient de prendre des dispositions spéciales pour en prévenir la déperdition. Ainsi, là surtout, on distribuera les coups de mine avec intelligence, de manière à n'y mettre que la poudre nécessaire pour fendre et diviser la masse du gîte sans la faire sauter avec force. Quand on exploite par gradins renversés, on revêt quelquefois le sol de

la taille d'argile damée, voire même de grosses toiles.
Dans tous les cas possibles, du reste, on ne peut que
recommander le curage du sol des tailles où l'on abat
la matière minérale, ainsi que des galeries où se fait
le triage, si l'on veut ne pas perdre trop de menuaille.

En général, on perd plus de minerai dans l'exploitation par gradins renversés que dans l'exploitation
par gradins droits ; mais d'autre part, dans cette
dernière méthode, on produit plus de menuaille qui,
devant passer au bocard à l'eau, augmente la perte de
la matière utile.

Dans des dérangements de gîte, dans des amas
entrelacés, il peut arriver encore que le minerai soit
tellement disséminé dans sa gangue, qu'on ne puisse
apprécier à l'œil si le front de taille donne des produits qui valent l'extraction. On fait alors piler très-fin
une portion des matières qu'on lave ensuite dans une
augette, pour connaître le contenu en matière utile ;
cet essai peut se faire dans la mine même ; il est
employé dans quelques mines d'étain.

Dans le cours des opérations dont on vient de parler,
on doit casser fréquemment les gros morceaux que
fournit la taille. On se sert pour cet usage, de marteau à bras (en wallon : *Mâ*), dont la grosseur dépend
beaucoup de la dureté et de la ténacité de la gangue ;
leur poids varie de 6 à 12 kilogrammes. Ces marteaux
ont deux pannes carrées etune longueur de manche
de 60 à 80 centimètres. Si la gangue ou une partie
de la gangue est schisteuse, on emploie pour la fendre
des coins en fer qui peuvent servir également pour
détacher certaines bandes schisteuses des fragments
de minerai.

Lorsque dans des filons qui contiennent plusieurs

minerais utiles, ceux-ci se présentent dans le gîte suivant un certain ordre, on peut souvent en faire la séparation à la taille même avec moins de difficulté qu'on en éprouverait à la surface. Il faut profiter de cette circonstance. On brise alors les fragments détachés du gîte, on en sépare la gangue, puis on fait une classification pour chaque nature de minerai. Dans quelques mines on subdivise chaque minerai ainsi : 1° minerai riche ; 2° minerai moyen ; 3° minerai pauvre ; 4° menuaille à laquelle on ajoute les fragments trop salis par la boue de la mine pour être reconnaissables et les mêmes minerais provenant du nettoyage des galeries. Chaque espèce de minerai est mise en tas séparé dans la galerie et lorsqu'il est en quantité suffisante, on le transporte au pied du puits d'extraction ou aux différents accrochages. Afin d'éviter d'éparpiller une partie du minerai riche, on a coutume de le placer dans des paniers sur le lieu de l'extraction même. Cette catégorie de minerai ainsi que le minerai moyen passent directement au scheidage. Les minerais pauvres subissent le cassage et le triage au jour, tandis que la menuaille est envoyée aux appareils de débourbage. Enfin, si une partie du minerai est assez riche pour n'avoir pas besoin de préparation mécanique, on en fait l'extraction dans des cuffats fermés, on le bocarde à sec pour répartir uniformément la teneur, et on l'envoie aux usines.

Pour terminer ce qui a trait à la préparation dans la mine, voici quelques exemples de ce qui se fait dans différents pays.

Dans le Haut-Harz, on se contente de séparer la gangue stérile ; cette préparation qui s'exécute avec de gros marteaux à deux têtes carrées, a lieu pendant la première heure du poste de travail de huit heures. Les minerais qui en proviennent sont extraits immédiatement, le gros minerai à part, la menuaille à part. Le gros minerai est jeté près de l'orifice du puits sur le carreau de la mine, et passe par le cassage au jour ; la menuaille est débourbée dans des cribles à secousses *(Rœtter)* ou dans des trommels.

Dans la Basse-Hongrie, on apporte beaucoup de soin au cassage et au triage dans la mine, de sorte que le cassage à la surface y est peu en usage. Les ouvriers à la taille séparent déjà les minerais de scheidage de ceux de bocard. Les premiers, au sortir du puits d'extraction, passent directement aux bancs de scheidage, et lorsqu'ils contiennent des métaux précieux, on les extrait dans de petits sacs. Avant de passer les seconds aux bocards à l'eau, on en sépare quelquefois un peu de minerai de scheidage qui aurait échappé à l'attention des ouvriers à la taille. La menuaille est lavée et livrée ensuite aux ateliers de scheidage ; dans quelques localités cependant, elle ne subit ni débourbage ni triage, elle est abandonnée directement au bocardage à l'eau. Cette dernière façon de procéder n'est jamais appliquée à la menuaille provenant des tailles qui donnent des minerais riches de métaux précieux.

En Saxe, dans quelques mines qui ne fournissent que des minerais de métaux non précieux, on se borne à séparer la matière stérile, des morceaux de minerai et de la menuaille ; tout autre séparation se fait au jour. Il arrive aussi quelquefois qu'on passe directement les gros morceaux au scheidage, tandis qu'on envoie la menuaille au débourbage.

CHAPITRE DEUXIÈME.

CASSAGE ET TRIAGE AU JOUR.

Le cassage et le triage au jour ne sont à vrai dire que le complément de ce qui s'est fait dans la mine; aussi vient-on de voir que lorsque ce précédent travail a été convenablement exécuté, on se dispense de le compléter après l'extraction et les minerais qui en proviennent passent alors directement avec les minerais riches, de la mine au scheidage.

L'avantage du triage au jour consiste à travailler sous une vive lumière qui permet de reconnaître sans ambiguïté la nature des matières que l'on a sous la main et que le faible éclairage des travaux n'avait pas permis de discerner sûrement. Le but que l'on y poursuit est donc de séparer la gangue du minerai d'une manière plus nette que dans la mine, de classer et de préparer définitivement le minerai pour le scheidage, selon les qualités et la nature de ses composants.

Dans quelques localités où les minerais extraits sont recouverts d'un enduit d'ocre et de boue de mine, on sépare la menuaille et l'on débarrasse les morceaux des impuretés qui les souillent, soit en les jetant sur un gros crible *(Durchwurf)*, soit en les faisant rouler à sec sur des cribles à frottement *(Reibesieben)* auxquels on imprime un mouvement de va et vient. Ces cribles à friction sont placés sur une croix mobile en bois ou sur des rouleaux (voir pl. II, fig. 1 et 2), et pendant le mouvement de va et vient le menu passe à travers le crible tandis que les morceaux se décrassent en se frottant les uns contre les autres. Le menu qui s'échappe du crible est considéré comme menuaille et traité en commun avec la menuaille d'extraction, comme on le verra plus loin.

Le triage au jour doit avoir lieu sur des points aussi rapprochés que possible de l'orifice des puits ou des galeries d'extraction. Le sol doit être affermi par un damage ou pilonnage ; l'emplacement doit être aplani et il est très-bon de le paver de dalles bien plates afin qu'on puisse recueillir facilement et sans perte la menuaille de cassage, avec des râbles et des balais. A quelques mines, on ne casse au jour que pendant la belle saison, on fait alors des amas de minerai qui passent aux ateliers de scheidage pendant l'hiver.

Comme on ne traite dans le travail au jour que les produits d'une première division des morceaux détachés du gîte, c'est-à-dire des fragments relativement de moindre grosseur, on y emploie des marteaux d'un poids de un à trois kilog. seulement, et on débite la masse en fragments de dimensions telles, qu'on puisse les diviser sans trop de difficultés à l'aide des marteaux légers de scheidage.

Les minerais des métaux précieux ne doivent jamais passer au triage au jour en commun avec ceux des autres métaux. Si pareil fait se produit, le travail dans la mine laisse à désirer. Le fondement de cette observation réside en ceci, qu'aucune partie des minerais contenant des corps malléables tels que des métaux précieux, ou même du sulfure et du chlorure argentique, ne doit passer aux laveries, quand même ces corps y seraient disséminés en particules très-

fines , par la raison que ces matières de haute valeur,
aplaties en minces paillettes , y sont entraînées et vont
se perdre dans les dernières eaux des labyrinthes.

Quant au travail même du triage au jour, il consiste
à écarter avec soin le plus de gangue possible et à
séparer le minerai à scheider de celui qui ne peut
être utilisé qu'après le broyage et le traitement aux
laveries. Il est bon de donner aux fragments de cette
dernière classe une certaine uniformité de volume
parce que cela facilite toujours le bocardage ; il serait
bon , du reste, que les fragments aussi bien à scheider
qu'à bocarder, n'eussent qu'un volume de 50 à 75 centimètres cubes. Le menu du cassage au jour est réuni
à la menuaille de la mine.

Si des minerais de plusieurs métaux se trouvent
associés dans une même matière d'extraction et particulièrement si ce sont des minerais de plomb et de
cuivre , il convient d'en faire la séparation autant que
possible dans le cassage et de partager les minerais
de chacun de ces métaux en mine à scheider et en
mine à bocarder. Cette séparation des minerais de
métaux différents est surtout nécessaire pour la mine
destinée aux bocards ou aux cylindres , car si les
matières mélangées étaient amenées à un grand état de
division , leur séparation ne pourrait plus avoir lieu.

Là ne se bornent pas toujours les classements à faire ;
quelquefois il faut prendre en considération la nature
variée des gangues qui accompagnent les minerais ,
surtout lorsque la pesanteur spécifique de ces diverses
gangues présente des différences notables, comme c'est
le cas, par exemple, quand on rencontre des minerais
métalliques dans le calcaire et dans la barytine. Cette
réunion s'est présentée à la mine de Bergwerkswohl-

fahrt, près de Clausthal, et on y a soigneusement fait un classement selon les gangues.

S'il ne s'agissait que de minerais à scheider, ces considérations sur la nature des gangues auraient moins de portée, parce qu'on peut encore effectuer la séparation pendant le scheidage ; mais, pour la mine à bocarder ou à broyer, cette classification par gangue est tout-à-fait indispensable, attendu qu'un minerai accompagné de spath calcaire, et qui doit être soumis au bocardage et au lavage, demande un mode de traitement tout autre que celui qu'il convient de lui faire subir s'il a pour gangue la baryte sulfatée. D'ailleurs, quand bien même l'ordre de succession des manipulations serait le même dans les deux cas, il n'en faudrait pas moins séparer les deux gangues par la raison que, eu égard à la différence de leur pesanteur spécifique et s'il s'agissait par exemple de les séparer de la galène, les sables des bocards et les schlamms à gangue barytique demanderaient une autre inclinaison de la table à secousses et d'autres dispositions quant au nombre et à l'énergie des secousses, que si l'on avait à travailler des sables et des schlamms à gangue quartzeuse ou calcareuse. Une gangue de quartz ne doit même pas être traitée au bocardage ou au lavage comme le serait une gangue de calcaire. De sorte que, si les minerais comme les livre la mine avaient pour gangues le calcaire, la barytine et le quartz, il conviendrait de les partager en trois subdivisions de mines à bocarder par rapport à ces gangues.

CHAPITRE TROISIÈME.

SCHEIDAGE.

Le succès de l'importante partie de la préparation mécanique qui porte le nom de scheidage est tout entier dans l'attention, dans l'habileté de ceux qui l'exécutent. Ce sont cependant *des gamins* qui presque partout en sont chargés. C'est que ce travail exige peu de force corporelle et que l'emploi de tels ouvriers présente naturellement une économie notable dans les frais de main-d'œuvre. Dans quelques ateliers tels que ceux d'Engis, de Corphalie, de Membach, on préfère y employer des femmes, auxquelles on reconnaît plus de soin et plus de patience. Dans quelques localités d'Allemagne enfin, ce sont de vieux mineurs impropres aux travaux de la mine qui en sont chargés; la vue toutefois leur fait souvent défaut.

Il est nécessaire de placer l'atelier de scheidage sous une surveillance incessante et de confier celle-ci à un ouvrier soigneux et habile, dont l'expérience vienne suppléer celle des jeunes travailleurs, qui les mette tous au fait du métier., en indiquant à l'un le tour de main nécessaire pour exécuter le scheidage avec aplomb et promptitude, en apprenant à l'autre à distinguer parfaitement les différents minerais et les différentes gangues.

L'importance. du scheidage ressort de ces considérations que les fautes et les erreurs qui s'y commettent ne peuvent plus se réparer dans la suite des opérations de la préparation mécanique, que ces fautes et ces erreurs peuvent exercer une influence des plus nuisibles sur le traitement métallurgique des minerais, ou tout au moins entraîner un surcroît de déchet, une diminution dans le rendement en métal.

Ces résultats fâcheux sont évidemment d'autant plus à craindre et d'autant plus nuisibles qu'il y a plus de matières à séparer les unes des autres pendant le scheidage. Aussi a-t-on vu que, pour ne pas compromettre le résultat de cette opération en imposant des soins trop multipliés à ceux qui l'exécutent, des triages et des assortiments ont déjà été organisés dans les manipulations qui précèdent le scheidage et que, selon les cas qui se sont présentés, des classements ont été faits non-seulement par rapport à la diversité des métaux contenus dans les matières métalliques, mais encore selon les diverses natures de gangue qu'il pourrait être important de séparer, comme ce serait le cas par exemple, pour le quartz, le calcaire et la barytine. Ces répartitions préparatoires, ces ébauches du scheidage qui mettent dans la main des ouvriers des fragments de matière dans lesquels la substance à isoler est toujours celle qui domine, soulagent nécessairement leur attention et assurent par suite un résultat meilleur.

Les matières minérales qui passent aux ateliers de scheidage ont, on s'en souvient, plusieurs provenances. D'abord une partie vient directement de la mine, une autre du cassage et du tirage au jour, enfin la menuaille après débourbage fournit aussi son contingent.

On ne fait pas partout le nettoyage de la menuaille; cependant on conçoit qu'il facilite singulièrement le travail nommé *épluchage* et dans lequel on reconnaît la

nature des fragments qui la composent, car ces fragments sont presque toujours recouverts de la boue de la
mine. L'épluchage de la menuaille est exactement l'équi-
valent du cassage et du triage au jour que l'on exécute
sur le minerai en gros morceaux, avec cette différence
que ces gros morceaux ne sont pas débourbés d'ordinaire avant d'être partagés en mine à scheider, mine
à bocarder et gangue stérile. Il peut arriver que certain
menu minerai recouvert de boue n'ait pas à subir d'épluchage; cette circonstance se présentera par exemple,
lorsqu'on sera parfaitement sûr de la provenance et de
la richesse de ces menus. Il serait évidemment désavantageux de faire passer un tel minerai, assurément
bon à être directement scheidé, par un cassage et un
tirage qui occasionneraient inévitablement un déchet.
Il est clair aussi que ce déchet serait encore plus
marqué si l'on traitait ce minerai, qu'on a bon sujet
de croire riche, conjointement avec la menuaille de
mine dont la nature est très-mêlée et relativement
pauvre. Il doit suffire dans un cas semblable, d'un
léger débourbage qui facilite le scheidage; ce débourbage peut s'exécuter sur un crible à secousses.

Lorsqu'on juge d'après l'état de plus gros morceaux
de minerai à scheider, qu'un débourbage leur est également utile pour rendre plus aisé le travail du scheidage,
on fait passer ce minerai soit sur un crible incliné, soit
sur un crible à friction, soit dans un cône débourbeur.
En Saxe, on voit aussi employer pour le même objet,
des cribles ou tamis que l'on agite, que l'on fait tournoyer dans un tonneau rempli d'eau. Ces cribles ont
$0^m,42$ de diamètre, le bord mesure $0^m,14$ de hauteur;
le fond consiste en un treillis de bandes de fer de $0^m,018$
de largeur, laissant entre elles des jours de même gran-

deur. On manœuvre ce crible dans un tonneau de $0^m,85$ de diamètre comme de hauteur, et qui est logé dans le sol. Les matières placées dans ce crible sont soumises dans le tonneau rempli d'eau à des mouvements de secousse et de tournoiement jusqu'à ce que les fragments soient tout-à-fait débourbés. Ce qui passe à travers les ouvertures du crible se rassemble au fond du tonneau, on le recueille de temps à autre et on le traite comme la menuaille de la mine ou du cassage.

Qu'il ait dû ou non passer par les appareils de nettoyage, le minerai est livré aux bancs de scheidage. Chaque ouvrier a devant lui une sorte de tasseau, de petite table plate en fonte ou en fer, quelquefois en pierre dure, qui lui sert d'appui pour travailler le minerai. On a remarqué que les tasseaux en fer avaient une plus longue durée que les autres et qu'ils étaient surtout préférables aux tasseaux en pierre, dont se détachent parfois des éclats qui se mêlent au minerai.

Les morceaux de minerai ne doivent pas être assez volumineux pour résister au choc des marteaux de scheidage. De leur côté ceux-ci doivent être assez légers pour que le maniement en soit facile et pour qu'ils ne déterminent pas une trop grande division de la matière, ce qui augmenterait la proportion de menu ou de farine et par suite les pertes. Des marteaux d'un kilogramme environ suffisent d'ordinaire pour effectuer convenablement la séparation des gangues et des parties utiles. A l'un des bouts de la tête de ces marteaux est une panne carrée, tandis que l'autre se termine par un tranchant (voir planche I, figures 1 et 2).

Pour exécuter le travail, chaque gamin pose la matière à scheider sur le tasseau qu'il a devant lui ; il la maintient de la main gauche en plaçant le morceau à briser entre le pouce et l'un des doigts , tandis qu'il se sert des autres doigts pour retenir les fragments que le choc du marteau en détache. De la main droite , il manie le marteau de scheidage , faisant emploi de la panne pour concasser le minerai afin de le trier, usant au contraire du tranchant s'il lui faut détacher seulement quelque faible portion soit de minerai, soit de gangue. Chaque variété de minerai scheidé est mise soigneusement à part dans des paniers tressés, dans de petites caisses en bois ou en tôle, que le scheideur a sur son banc ou à côté, rangées en un certain ordre et en nombre égal à celui des variétés de minerais à classer. De temps à autre , quand ces paniers sont remplis , un ouvrier les enlève et en verse le contenu dans des cases ou réservoirs destinés respectivement aux diverses catégories de minerais.

Dans un scheidage bien organisé , on paie l'ouvrier d'après le nombre des caisses, et l'on fait varier le prix affecté à chaque caisse d'après la nature du produit qu'elle contient. Lorsque la gangue est nuisible au traitement métallurgique , on donne parfois pour les matières stériles isolées un prix plus élevé que pour le bon minerai.

Dans ce qui précède, on a pu voir que le scheidage demande une certaine habileté , de l'attention , une connaissance exacte des minerais et des gangues ; de plus, il ne faut pas se dissimuler que ce travail, outre qu'il est fatigant, est en même temps malsain. Aussi doit-on recommander d'arroser de temps en temps la matière à scheider, afin de diminuer la quantité de poussière qui flotte dans l'atmosphère et que respirent les travailleurs. Il faut encore blâmer hautement les dispositions que l'on rencontre dans quelques contrées où les gamins sont tout simplement assis sur le sol pour travailler ; c'est là une de ces positions du corps insolite et incommode qui ne peut qu'amener rapidement chez les enfants l'inattention avec la fatigue , et qui, par conséquent, nuit au travail, parce qu'elle nuit aux travailleurs.

Le bâtiment de scheidage ne doit pas être établi à un niveau trop bas. On doit pouvoir le chauffer pour les travaux pendant l'hiver. Le sol de l'atelier doit être en argile damée , en madriers, ou mieux encore carrelé de pierres plates, afin qu'on y puisse rassembler et recueillir complètement la menuaille de scheidage.

Les bancs de scheidage doivent être disposés le mieux possible par rapport aux fenêtres , car il convient qu'ils soient bien éclairés. Cependant , malgré la nécessité de profiter de la lumière du jour , on est obligé de garnir intérieurement toutes les fenêtres d'un treillis en fil de fer , afin d'éviter que les vitres soient brisées par les inévitables éclats de pierre du scheidage. Au milieu de l'atelier est placée souvent une longue table , sur laquelle on amoncelle la matière à scheider, que l'on répartit, suivant le besoin, aux gamins chargés du travail.

Quelle que soit la nature du minerai brut, le scheidage fournit plusieurs classes de produits , savoir: a, produits finis ; b, produits intermédiaires ; c, gangues stériles. Ou bien, avec plus de détails :

1° Minerai riche, bon minerai, produit fini, c'est-à-dire minerai pouvant être livré directement aux usines métallurgiques.

2° Minerai moins riche que le précédent, mais trop riche cependant pour passer directement sans nouveau travail, aux bocards à l'eau et aux laveries.

C'est souvent un mélange de divers minerais et de gangues.

3° Minerai à bocarder ou à broyer et à laver ensuite.

4° Menu ou farine de scheidage.

5° Gangues stériles.

La première catégorie ou la mine riche, avant d'être livrée aux usines, est parfois concassée et réduite à l'état de gros schlich, de grains ou de gros sable dans le bocard à sec, aux cylindres ou aux meules. Quelquefois, quand on ne peut faire autrement, on la divise ainsi à l'aide de marteaux à bras.

Le minerai numéro 2, subit un bocardage à sec ou un broyage sous les cylindres; il est ainsi réduit en grains dont la grosseur dépendra de sa nature, mais qui dans chaque cas devront être aussi gros que possible. Ces grains sont divisés ensuite par un criblage, en catégories de grosseur uniforme qui passent successivement au tamis ou crible à dépôts. Par ce travail, on retire du numéro 2, une certaine quantité de minerai riche qu'on n'avait pu obtenir par le scheidage et qui est propre à être livré aux usines. Ce qui reste de ce numéro aura à passer par les manipulations des laveries.

Nous proposons, pour éviter les périphrases, de dénommer *setzage* le travail dont on vient d'indiquer le programme et de donner aux minerais qui doivent le subir, le nom de minerais ou mines à *setzer* (1).

Il importe que le scheidage soit conduit de manière à ne pas rejeter dans la mine à setzer un minerai qui aurait assez de teneur pour être considéré comme

____

(1) De l'allemand *setzen*, déposer, comme *scheider* et *scheidage* sont venus de *scheiden*, séparer.

riche, et il importe également de ne pas envoyer au bocard à l'eau, un minerai qui peut figurer dans la mine à setzer. Dans tous les cas et dans tout le cours des opérations, les efforts doivent tendre à soustraire la plus grande somme de minerai possible à la nécessité de passer par le bocardage à l'eau et par le travail des laveries. C'est dans cette vue qu'il convient toujours d'examiner si un minerai qu'on ne peut plus scheider, réduit en grains de grosseur convenable, ne pourrait pas donner de mine à setzer.

Quant à l'appréciation qui décidera du classement d'une partie de minerai dans telle ou telle catégorie, il n'est pas possible d'énoncer des prescriptions générales à cet égard. Cette appréciation dépendra de la valeur commerciale du métal, des frais de traitement et quelquefois même de la nature de ce traitement. Il y aura une règle à établir dans chaque cas particulier. C'est ainsi que s'il s'agit du cuivre par exemple, on regardera comme riches et propres à être livrés aux usines, des minerais d'une teneur qui, si elle s'appliquait au plomb, ferait ranger ces minerais parmi les mines à bocarder.

Lorsqu'on traite des minerais de métaux précieux, et dans ce cas le scheidage ne se fait jamais en commun avec celui d'autres minerais, souvent on ne sépare pas de mine à setzer, on se borne à partager le minerai brut en mine riche, propre à être livrée aux usines, et en mine à bocarder.

La menuaille de scheidage passe au tamis à dépôts, si elle provient de minerais de métaux ordinaires; et elle est ordinairement livrée aux usines métallurgiques, si elle a été produite par le scheidage de minerais de métaux précieux.

Dans le Haut-Harz, voici comment se partage le minerai. Au sortir de la mine, on le divise en gros morceaux (*Wænde*) et en menuaille (*Grubenklein*) qui est envoyée directement aux ateliers de préparation. Les morceaux passent au cassage, au triage et au scheidage et se classent alors en :

1° Stufferz, minerai pur, rendant à l'essai de 50 à 60 pour 100 de plomb et de 5 à 7 loth d'argent et plus au centner, soit de 1^{kil}, 560 à 2^{kil}, 184 aux 1000 kil. Il consiste en une galène compacte dont on ne pousse quelquefois le scheidage que jusqu'à une teneur de 40 à 50 pour 100 afin d'éviter les pertes qu'entraîne une trop grande division. Ce minerai est destiné aux usines.

2° Schurerz, de deux qualités, l'une barytique, l'autre non-barytique ; il contient en moyenne un sixième de minerai pur; il est en fragments assez gros quand il provient du premier cassage, et en petits morceaux quand il provient du scheidage de minerais assez riches.

Cette mine renferme de petites masses isolées de galène ; on la bocarde très-gros, pour la faire passer ensuite, pour la plus grande partie, aux cribles à dépôts.

3° Pocherz, mine à bocarder de deux qualités également, l'une barytique, l'autre non-barytique. Il contient en moyenne de 4 à 6 pour 100 de plomb et de 1/2 à 3/4 de loth d'argent au centner, soit de 156 à 234 grammes aux 1000 kilog. Il provient pour une partie, du cassage et du scheidage; il renferme de petits grains de galène, assez nombreux.

4° Bergerz, minerai pauvre, d'une teneur d'un peu moins de 1 pour 100, une partie est barytique, l'autre ne l'est pas. A bocarder. La galène y est en particules fines et assez peu nombreuses.

5° Kleinerz, menuaille et farine que l'on réunit dans la préparation ultérieure à la menuaille de mine.

6° Berg, mine stérile. Lorsque le minerai est très-disséminé dans sa gangue, on ne doit rejeter définitivement comme stériles que des fragments de 2 à 3 centimètres au plus.

On peut remarquer que, dans cette classification, on a fait une distinction entre les minerais à gangue barytique et les minerais à autre gangue, à cause de la grande pesanteur spécifique de la barytine. Bien que la série des manipulations soit la même pour les deux catégories de minerais, on doit les travailler séparément pour des raisons qui ont été antérieurement exposées.

Dans le scheidage des minerais de métaux précieux, en Basse-Hongrie, on ne fait guère que deux divisions : la mine à fondre qu'on envoie aux usines, et la mine qui passe au bocard et au lavage. A la vérité, on subdivise encore la mine à fondre en diverses qualités auxquelles on donne le nom de *Grobes*, gros minerais, *Kern* noyaux et *Gesprengtes* en grains plus disséminés ; dans chacune de ces catégories on distingue encore le minerai riche, le moyen et le pauvre ; mais ces distinctions n'ont trait qu'à la teneur en argent et à la valeur du minerai selon la taxe. Toutes ces espèces de minerais sont traitées de même : on les concasse de manière à les réduire en grains de la grosseur d'une fève et au dessous ; on les vend alors aux usines.

Dans le scheidage des minerais des districts du Nord de Freiberg, on obtient :

1° Gute Bleiprobe, bon minerai de plomb, consistant en galène compacte avec quelque peu d'argent blanc et des traces d'argent rouge et d'argent sulfuré, enfin avec de la blende qu'on ne sépare pas facilement et qui est considérée ici comme gangue stérile. La tonne de 1000 kilog. contient 273 kilog. de plomb et de 1^{kil},980 à 2^{kil},840 d'argent. Cette sorte de minerai, ainsi que les deux suivantes, ne passent pas par les autres opérations de la préparation mécanique ; on se contente de les bocarder à sec de manière à répartir uniformément la matière métallique.

2° Geringe Bleiprobe, mine de plomb pauvre. Ce minerai consiste en galène en framents disséminés et en grenailles, avec des traces de différents minerais d'argent, plus de la blende et une assez forte proportion de gangue stérile. La teneur en métaux est de 145^{kil},5 de plomb et de 1^{kil},130 à 1^{kil},700 d'argent pour 1000 kilog.

3° Silberprobe, minerai blendeux d'argent. Il consiste en blende mélangée de beaucoup de gangue stérile, mais il contient de l'argent blanc, des traces d'argent rouge et d'argent sulfuré. Le chiffre du contenu d'argent est assez variable, il est de 2^{kil},272 à 3^{kil},977 aux 1000 kilog.

4° Setzwerksprobe, mine à setzer. Cette classe de minerai renferme la galène et les minerais de métaux précieux tellement mélangés et disséminés qu'il n'est pas possible d'en faire le scheidage. On la réduit en gros grains sous le bocard à sec, et l'on traite ces grains sur le tamis à dépôts. Autrefois ce minerai passait au bocard à l'eau et aux laveries et supportait par là un plus grand déchet.

5° Pochgænge, mine à bocarder, teneur en argent de 0^{kil},142 à 0^{kil},710 aux 1000 kilog.

6° Berge, gangues stériles.

7° Scheidemehl, menuaille de scheidage. Celle qu'on

obtient dans le scheidage des minerais les plus riches est bocardée à sec en même temps que la mine de plomb pauvre ; le reste de la menuaille de scheidage est traité comme mine à setzer.

Au sud de Freiberg, on obtient comme produits du scheidage :

1° Bleiprobe, mine de plomb, consistant en galène, pyrite, et quelque peu de minerai d'argent. Ce minerai renferme de 145 à 154 kil. de plomb et de 1^{kil},704 à 2^{kil},273 d'argent, sur 1000 kilog.

2° Silberprobe, minerai pyriteux d'argent. Il n'y a plus de galène, la pyrite y domine. L'argent s'y trouve en argent blanc, argent rouge et argent sulfuré. Cette sorte de minerai contient de 1^{kil},136 à 1^{kil},704 d'argent, sur 1000 kilog.

3° Setzwersprobe, mine à setzer, qu'on nomme aussi en Saxe : Kleinpochen.

4° Pochgænge, mine à bocarder. On sépare les mines à bocarder à gangue quartzeuse des mines à bocarder à gangue de gneiss et de pyrite, parce que ces dernières sont plus faciles à briser. La pyrite compacte est considérée comme gangue lorsqu'elle ne renferme pas de traces de minerais argentifères.

5° Berge, gangues stériles.

6° Scheidemehl, menuaille de scheidage.

Voici quelques divisions usitées pour les minerais de Belgique :

A Membach, on fait : 1° Cinq classes de produits finis, qui sont : galène, céruse, galène et céruse, blende, calamine ;

2° Neuf classes de produits intermédiaires : galène calamineuse et blendeuse, galène et gangue, calamine plombeuse, calamine blendeuse, calamine et gangue, blende calamineuse , blende plombeuse , blende et gangue ;

2° Gangues, employées à l'entretien des routes.

A Engis, à Corphalie, où l'on a des mélanges de pyrite, de blende, de galène, de calamine et de gangues, les classes sont analogues aux précédentes.

Les minerais des métaux précieux tout-à-fait compacts , les métaux fins à l'état natif qui n'ont pas à passer au scheidage , sont toujours extraits dans des cuffats fermés. Souvent on se borne , avant de les envoyer aux usines, à les broyer dans un mortier en fonte.

Lorsque des minerais de cuivre se rencontrent avec des minerais de plomb dans une même mine, on les sépare autant que possible et on subdivise chaque classe en mine riche, mine à setzer et mine à bocarder. Nous avons déjà dit que , dans ces séparations, on devait prendre en sérieuse considération la valeur commerciale relative des métaux à séparer.

Dans plusieurs localités, avant de livrer aux usines le minerai riche que fournit le scheidage , on a pour règle de le réduire en grains. Cette division est loin d'être justifiée au point de vue du traitement métallurgique. Elle serait utile s'il s'agissait de soumettre ces minerais à une amalgamation ou à un grillage au four à réverbère ; mais, s'ils doivent être fondus dans un fourneau à cuve, il est préférable de les avoir en plus gros morceaux sans que ceux-ci cependant soient trop volumineux.

Le but que l'on poursuit souvent en égrugeant ainsi le minerai scheidé , c'est de répartir uniformément la matière métallique dans la masse , afin d'estimer la valeur des minerais provenant de mines différentes et que l'on paie d'après la teneur, vérifiée par des essais en petit. Ce grainage des minerais se fait sous des bocards à sec ; quelquefois , dans des cas de nécessité, lorsque, par exemple , une gelée persistante arrête ou entrave plus ou moins le service des roues à eau , on emploie des marteaux pour concasser. Ces marteaux ont une panne de 0^m , 055 à 0^m, 06 de largeur , ils pèsent de 2 kil. à 2, 5 kil.

Le bocard dont on se sert au Harz pour bocarder à sec la bonne mine, est établi comme les bocards à l'eau qui seront décrits plus loin, si ce n'est que l'auge du bocard n'est pas fermée sur le devant. La sole du bocard est horizontale et de niveau avec le sol du bâtiment.

En Saxe, le bocard à sec est semblable au bocard à l'eau , sauf aussi l'auge. Chaque pilon complètement armé pèse 140 kilog. Les sabots sont en fer forgé avec les arêtes rabattues ; ils ont $0^m,142$ de côté et $0^m,236$ de haut non compris la tige d'insertion qui pénètre dans la flèche en bois. La levée est de $0^m,284$. Les montants du bocard sont garnis de plaques de tôle sur la face qui regarde les pilons. Les fonds de bocard, en fonte, ont $0^m,189$ de largeur et d'épaisseur sur une longueur de $0^m,425$ pour une batterie de trois pilons, et de 0^m812 pour une batterie de six pilons. Les fonds de bocard reposent sur une couche d'argile damée et forment la sole de l'auge qui est ouverte par devant, qui a pour petits côtés les montants garnis de tôle et pour paroi d'arrière des pièces de bois superposées sur une hauteur de $0^m,307$.

Voici en quoi consiste le travail. L'ouvrier jette sous les pilons une certaine quantité de minerai qu'il humecte afin d'éviter la dispersion des poussières. Les pilons battent le minerai que l'ouvrier retourne à l'aide d'une pelle, jusqu'à ce qu'il le juge suffisamment concassé. Il le lance alors sur un crible incliné et rejette de nouveau sous les pilons, les refus du crible. Ce crible est incliné à l'horizon de 45° à 50°; il s'appuie contre des poteaux en bois; le fond est un treillis en fil de fer qui présente de 645 à 752 ouvertures au décimètre carré.

Quelquefois on emploie un système de cribles à ouvertures de plus en plus petites; quelques-uns reçoivent un mouvement de l'arbre moteur des pilons.

Dans l'atelier de bocardage à sec de Kurprinz, près de Freiberg, les cribles sont disposés de la manière suivante. Le premier crible incliné et fixe est placé sur une caisse en planches munie d'une porte qu'on tient fermée pendant le criblage et qui sert à retirer la matière qui a traversé la maille; cette disposition a pour but d'éviter le déchet dû à la dispersion des poussières. Le second crible est plus serré et moins incliné que le précédent.

L'écrasement du minerai propre aux usines pourrait évidemment se faire également entre des cylindres broyeurs.

QUATRIÈME CHAPITRE.

DÉBOURBAGE ET TRIAGE DE LA MENUAILLE DE MINE.

On a vu que la mine à scheider devait parfois passer par un débourbage; pour les menus de mine ce débourbage est toujours indispensable. Par ce traitement les fragments de la menuaille sont débarrassés de la boue qui les couvre et deviennent ainsi reconnaissables. On peut soumettre les morceaux à un travail de cassage et de scheidage analogue à celui qu'on a fait subir au minerai à scheider directement ; mais le classement de la masse entière présente ici plus de difficulté. La menuaille de mine est formée de la réunion de morceaux de grosseur fort variée ; assez fréquemment même, une notable partie est dans un état de division tel que les fragments sont à peine plus gros que ceux de la menuaille du cassage et du scheidage. Or, on ne doit pas perdre de vue que les minerais métalliques sont plus aigres, plus fragiles (*pu sclattreu*, en wallon), que les gangues qui les accompagnent, de sorte que la menuaille en grains fins constitue souvent par elle-même un minerai riche que la petitesse des fragments seule empêche de faire passer aux bancs de scheidage. Il faut alors, pour opérer de la manière la plus convenable, séparer cette menuaille par un système de criblages, en diverses catégories de grains selon leur grosseur et soumettre chacune de ces catégories au travail des tamis à dépôts. Cela ne rencontrera guère de difficultés si on opère sur une seule espèce de minerai, mais s'il y a plusieurs minerais à séparer, la différence des poids spécifiques peut être assez faible pour qu'on ne puisse compter sur une séparation convenable au moyen des machines. Dans ce cas on est obligé d'opérer un triage, un épluchage à la main des différentes espèces et c'est là ce qui complique fréquemment la préparation de la menuaille. Aussi pour l'éviter autant que possible doit-on prendre le soin d'examiner toutes les circonstances du gisement et faire mettre à part la menuaille obtenue dans les tailles d'où provient chaque espèce de minerai, ou même dans des parties de tailles où tel ou tel minerai domine. Chacune de ces menuailles sera alors traitée à part. Mais il est bien des gîtes où cette séparation cesse d'être exécutable, il faut alors se résoudre au triage à la main.

Dans les mines qui produisent la menuaille en trop petite quantité pour qu'on lui destine un atelier et qu'on fasse des frais de machine, on opère le débourbage et l'épluchage dans de petites huttes, à portée des orifices d'extraction, soit à l'aide de cribles à bras, soit à l'aide de chenaux en bois ou caissons à débourber.

DÉBOURBAGE AU CRIBLE A BRAS.

Le crible ou tamis à bras *(Handsieben)* employé au débourbage, consiste en une tôle perforée formant corbeille, en un treillis à claire voie composé de lames de fer ou de gros fils de fer ou de laiton, soutenus par deux ou trois tringles plus fortes. Il est muni de deux anses. La grandeur des ouvertures dépend de la nature de la menuaille à traiter : elles sont généralement plus grandes pour les minerais des métaux ordinaires que pour ceux des métaux fins. Le travail est très-simple : on charge le minerai à débourber sur le crible, on plonge celui-ci dans un tonneau rempli d'eau, on l'y secoue et on l'y fait tournoyer à plusieurs reprises jusqu'à ce que l'enduit de boue qui salissait le minerai ait été enlevé. On verse alors le contenu du crible sur une table de triage et l'on sépare la gangue stérile, la mine à bocarder, la mine à scheider et quelquefois même un peu de minerai riche propre à être livré aux usines. Quant à ce qui a passé au travers du crible, on le reprend de temps à autre pour l'envoyer au tamis à dépôts, on lui donne le nom de dépôt du tonneau *(Fassvorrath)* (1).

(1) Dans la préparation mécanique en Allemagne, on donne souvent le nom de *Vorrath* (provision, réserve) à tout dépôt de matières

Pour faciliter la manœuvre, les matières à débourber
sont versées sur une banquette en bois et l'ouvrier, à
l'aide d'un râble en fer, fait tomber chaque fois dans
son crible la charge convenable. Pendant son travail,
il doit imprimer à la masse une suite de secousses; les
unes, dans le sens vertical, désagrègent la charge du
crible, les autres la nettoient par la friction des morceaux de minerai entre eux. Mais ce travail est fatigant et demande des ouvriers vigoureux. Il est bon de
prendre quelques dispositions pour que ces ouvriers
n'aient pas à soutenir avec les bras tout le poids du
crible et pour qu'ils soient ainsi plus maîtres des mouvements qu'ils veulent lui imprimer. Un des arrange-
ments les plus ordinaires et les plus simples consiste à
suspendre le crible à une corde ou à une chaîne en fer,
fixée à l'extrémité d'une pièce de bois élastique, de force
convenable et faisant ressort. L'ouvrier n'a plus alors
qu'à enfoncer le crible dans l'eau lorsqu'il veut lui imprimer des mouvements latéraux, tandis que les mouvements verticaux qui sont les plus difficiles à bien
exécuter, sont singulièrement facilités par l'élasticité
de la pièce de bois.

DÉBOURBAGE DANS DES CAISSONS.

L'appareil *(Lautergraben)* est un large chenal ou
caisson en bois, incliné à l'horizon et qui reçoit un

ayant encore à passer par une ou plusieurs opérations avant de parvenir au degré de pureté qu'il doit atteindre pour être livré aux
usines. Souvent on accolle à ce mot une dénomination qui rappelle
le genre d'élaboration que la mine aura à subir; ainsi on dit *Siebsetz-
vorrath*, matière à traiter sur les tamis à dépôts, *Stossheerdvorrath*,
matière à traiter sur les tables à secousses, etc.

courant d'eau. A la partie supérieure de cette caisse est une banquette sur laquelle on verse la menuaille à débourber. On agite cette menuaille à l'aide d'un rateau en fer, pendant que l'afflux d'eau, considérable et continu, entraîne la bourbe de mine qui parcourt toute la longueur de la caisse et se rend dans des labyrinthes. De distance en distance sur le fond de la caisse, sont fixées, transversalement au courant, des grilles verticales en fer dont les barreaux sont de plus en plus rapprochés à mesure qu'ils se trouvent placés plus bas. Par cette disposition, les fragments entraînés par le courant d'eau, passent à travers les grilles dont les barreaux présentent un espacement plus grand que leurs dimensions et sont arrêtés par les grilles dont les barreaux sont plus rapprochés. Il se fait ainsi sur toute la longueur de la caisse et de treillis en treillis, un classement successif des fragments selon leur grosseur, jusqu'à la grille inférieure qui est la plus serrée et par laquelle la bourbe se rend au labyrinthe. Pour distribuer la masse débourbée en un grand nombre d'échantillons selon la grosseur des grains, il suffit d'allonger la caisse et de multiplier les grilles de séparation.

Lorsque le travail est terminé, on reprend la menuaille en amont de chacune de ces grilles et on partage la matière de chaque compartiment en gangue stérile, mine à bocarder et mine à scheider. Les refus de la dernière grille donnent rarement de la mine à scheider, mais souvent des grains assez riches et propres à être traités sur les tamis à dépôts. Quant aux parties les plus fines de la menuaille qui ont passé à travers toutes les grilles et se sont rendues dans les bassins de labyrinthe, elles sont soumises à un traitement qui varie suivant l'ordre de succession des dépôts. Celles du premier bassin passent encore aux tamis à dépôts, celles des bassins suivants sont travaillées de nouveau dans les caissons allemands, tandis que les plus fines sont traitées sur les tables à secousses et sur les tables dormantes.

Ces caissons à débourber sont peu coûteux à établir, ils demandent peu de main-d'œuvre et permettent de faire beaucoup de besogne, mais ils emploient une grande quantité d'eau. Lorsqu'on n'aura pas de motifs pour ménager l'eau, ils seront préférables à beaucoup d'autres appareils. Ils doivent avoir une inclinaison modérée, non seulement parce que cette disposition permet de travailler avec une moindre quantité d'eau, mais encore parce que le dépôt des parties fines entraînées par l'eau se fait mieux dans les labyrinthes et qu'un courant rapide pourrait entraîner hors des derniers bassins, des schlamms qui seraient encore métallifères.

Les autres appareils employés dans différentes localités pour débourber la menuaille, sont en général plus compliqués que les précédents. Indépendamment de l'eau qui sert au lavage, ils exigent pour leur manœuvre une force supérieure à celle de l'homme, soit celle d'animaux, soit celle de la vapeur, soit un moteur hydraulique. Le choix qu'on en fait dépend souvent de la force dont on dispose. Ces appareils se partagent en deux classes : ceux à cribles fixes qui offrent de l'analogie avec le caisson à débourber, et ceux à cribles mobiles. Les Fallwæsche ou lavoirs à cribles en gradins et les Reibegitterwæsche ou lavoirs à grilles de friction, se rapportent à la première classe, tandis que la seconde comprend les Kippwæsche ou lavoirs à cribles à bascule,

les Rætterwæsche ou lavoirs à cribles à secousses, et
les Trommels. Les Kralwæsche ou lavoirs à tourbillon
d'eau appartiennent à la fois à l'un et à l'autre de ces
systèmes.

Nous passerons successivement en revue ces différents appareils.

LAVOIR A CRIBLE EN GRADINS.

Les figures 3 et 4 de la planche I représentent en
coupe et en plan le lavoir à cribles en gradins *(Fallwæsche)* que l'on rencontre dans les usines de la Saxe.

Tout le système est assis sur deux poutres inclinées
a, a, qui reposent elles-mêmes sur des chevalets. Sur
cette charpente est un fort plancher b, b, long de $3^m,70$,
large de $0^m,71$, et dont l'inclinaison est mesurée par
une différence de niveau de $1^m,04$ entre l'arête supérieure et l'arête inférieure. Cette aire est rétrécie vers
le bas par deux planchettes c, c, placées obliquement et
qui ne lui laissent qu'une largeur de $0^m,28$ à son extrémité. Entre ces deux planchettes se meut une sorte de
vanne d qui sert à fermer et à ouvrir le bas de l'appareil. Les deux longs côtés du plancher sont garnis
chacun d'un bord de $0^m,14$ de hauteur. Intérieurement
à ces bords se trouvent des planches e, e de $0^m,19$ de
hauteur maintenues par des tasseaux dont le pied est
fixé solidement dans les solives a; les planches e servent
à porter les tables des cribles C, C', C''. Ces tables qui
affectent une légère pente, sont composées de planches
qui viennent s'appuyer, du côté du mur M, contre le
rebord du plancher, auquel elles sont solidement fixées.
Tout l'espace compris entre le fond et ses rebords est
ainsi partagé par les planches transversales en quatre
compartiments. Dans les trois compartiments supé-

rieurs se trouvent des cribles C, C', C" qui sont maintenus par les tables de crible, et par les planches *e* du
rebord ; ils sont formés de bandes de fer entrelacées
de $0^m,018$ de largeur et insérées dans un cadre en fer.
Les mailles carrées de ces cribles ont $0^m,029$ de côté
pour le crible supérieur C, $0^m,018$ pour le crible inter·
médiaire C' et $0^m,012$ pour le crible inférieur C". Chaque
table de crible ainsi que la portion du plancher du
fallwæsche qui lui correspond, pénètre en partie en
dessous du crible qui lui est immédiatement supérieur,
ce qui donne à l'ensemble l'aspect de gradins.

La menuaille de mine est introduite dans ce lavoir
par la trémie *t* dont l'ouverture inférieure s'ouvre et
se ferme à volonté, au moyen d'une porte à coulisse.
L'eau est amenée sur le haut de l'appareil par le tuyau
m. A chaque crible se trouve un déversoir *p*, *p'*, *p"*
servant à amener sur des tables d'épluchage *q*, *q'*, *q"*,
les menuailles débourbées sur les cribles. Près de la
table *q* du rang supérieur, on voit un tonneau *r* de
$0^m,71$ de diamètre et de $0^m,57$ de profondeur, dans
lequel on achève le nettoyage du minerai de la première banquette au moyen d'un crible à la main de
$0^m,43$ de diamètre. Ce crible est fait de lames de fer
entrelacées laissant entre elles des jours carrés de
$0^m,006$ de côté ; il a un rebord de $0^m,12$ de hauteur.

Pour enlever le minerai qui traverse tous les cribles
et qui doit aller aux tamis à dépôts, on a disposé en
dessous de la décharge *o* du lavoir, un railway sur
lequel roule un petit waggon dont la caisse a $0^m,40$ de
profondeur et de largeur et $0^m,85$ de longueur. En
dessous du lavoir, au point où stationne d'ordinaire ce
waggon, est un chenal de rinçage qui mesure $1^m,14$ de
longueur, $0^m,71$ de largeur et $0^m,50$ de profondeur ;

toutefois le fond est en pente et le chenal n'atteint cette profondeur qu'à l'arrière. Les eaux troubles de ce rinçoir tombent dans un autre chenal qui passe sous le railway.

Pour le travail, un ouvrier se place près de la banquette d'en haut. Il ouvre la porte à coulisses de la trémie et une certaine quantité de menuaille tombe sur la banquette supérieure ; à l'aide d'un râble il l'amène sur le premier crible C. Là, tombe en même temps de l'eau claire fournie par le tuyau m ; cette eau forme un courant continu dans lequel l'ouvrier remue la menuaille sur toute l'étendue du crible ; il continue cette manœuvre jusqu'à ce qu'il ait débarrassé le mincrai de la plus grande partie de la bourbe qui le souille. Il fait alors tomber les refus de ce premier crible par le déversoir p sur la banquette q. Cela fait, il ouvre de nouveau la trémie et recommence le même travail sur une nouvelle portion de menuaille.

Ce qui a traversé le premier crible se trouve au-dessous sur la deuxième banquette ; un second ouvrier le tire de là et l'amène sur le second crible où le travail est absolument le même que sur le premier crible, si ce n'est qu'on n'y fait pas affluer d'eau claire, lorsqu'on n'en a pas beaucoup à sa disposition. Après avoir convenablement remué les matières sur ce crible, il en fait tomber les refus par le déversoir p' sur la banquette q'.

Ce qu'on a fait pour le second crible, on le fait de nouveau pour le troisième. On amène sur le tamis ce qui est tombé sur la banquette, on l'agite dans un courant continu et l'on fait passer les refus par le déversoir p'' sur la banquette q''.

La matière qui a passé à travers tous les cribles est

entraînée par les eaux de service dans le waggon qui se trouve au bas de la table du lavoir. Quand ce waggon est rempli, on baisse la coulisse d et l'on transporte la matière pour la verser dans une sorte de rinçoir, près des tamis de setzage. On ramène, immédiatement après, le waggon vide au bas de la table, et on lève de nouveau la coulisse d. Les eaux troubles qui s'échappent de la caisse du waggon tombent dans le chenal qui se trouve au-dessous.

Les refus du premier crible qui ont été amenés sur la banquette q, reçoivent un complément de débourbage dans des cribles à main. C'est un nouveau travail dont il est désirable de pouvoir se dispenser, mais qui devient inévitable quand la bourbe de la menuaille est de nature argileuse et quand on ne dispose pas d'une quantité d'eau assez grande pour permettre de parfaire et d'accélérer le travail de manière que les cribles inférieurs ne manquent jamais de matières à traiter. Quand on dispose de beaucoup d'eau, on accélère naturellement le débourbage en arrosant tous les cribles. Ce qui traverse le tamis à main se rassemble au fond du tonneau r; on l'y puise et on le jette sur la troisième crible où on le traite avec ce qui a passé à travers le second.

En 12 heures, trois ouvriers passent, sur le lavoir à gradins, de 12.000 à 14.000 kilog. de menuaille qui s'y séparent en mine à setzer et en mine à trier. Cette dernière est partagée jusqu'à un certain point par les trois cribles, en plusieurs catégories de grosseurs. Le triage se fait sur des bancs analogues à ceux du scheidage. Par ce travail, les refus du premier crible dont on a achevé le débourbage au tamis à main donnent :
1° Gros minerai, en fragments de la grosseur du poing

au moins , ils passent au scheidage ; 2° minerai moyen ;
3° minerai pauvre ; ces deux derniers numéros vont au
bocard à sec ; 4° mine à bocarder pour le bocard à
l'eau ; 5° gangue stérile. Les refus du second crible
sont traités comme ceux du précédent ; ils donnent les
mêmes produits , sauf le gros minerai. Les refus du
troisième crible donnent au triage : 1° Minerai pauvre ;
2° mine à bocarder ; 3° gangue stérile. Dans quelques
cas , quand la menuaille est très-riche , on obtient
encore sur le troisième crible du minerai moyen.

Tous ces classements sont faits par des gamins et
surveillés de près par un chef-ouvrier qui, jusqu'à un
certain point, corrige le travail des gamins et remet à
sa vraie place le minerai mal classé.

LAVOIR A GRILLES DE FRICTION.

Cet appareil *(Reibegitterwæsche)* ne diffère du précédent, qu'en ce que le nombre des cribles est ordinairement plus considérable et que l'eau claire, au lieu
de tomber sur le premier crible ou sur tous les cribles
si elle est en quantité suffisante, délaie déjà la menuaille dans la trémie et s'écoule bourbeuse sur tous
les cribles. Il suit de là qu'on ne pourrait convenablement appliquer cet appareil lorsque la bourbe est
fortement adhérente.

On s'en sert à Schemnitz en Basse-Hongrie.

On l'emploie également à Idria en Carniole, pour le
lavage des minerais de mercure. La laverie s'y compose
de sept grilles successives en gradins, planche I, fig. 5.
Les refus des deux premières subissent un triage à la
main ; les refus des cinq autres passent au crible dans
des tonneaux; les boues ou schlamms qui s'échappent de
l'appareil se déposent dans des canaux et des bassins.

5

A Schemnitz, à raison du manque d'eau, il serait difficile d'employer un autre appareil. Celui qu'on y emploie a six cribles disposés comme il a été dit précédemment et sur lesquels on frotte la menuaille à l'aide de râbles. Les trois premiers cribles sont faits de minces verges de fer entrelacées; les trois suivants consistent en fortes plaques de cuivre percées de trous. Leurs ouvertures vont en diminuant depuis $0^m,033$ jusqu'à $0^m,002$, diamètre des trous du sixième crible. Ce qui traverse ce dernier se rend au bas du tablier du lavoir, dans une rigole et dans un labyrinthe, disposés comme ceux des bocards à eau de cette localité. Les sables et les schlamms qui se déposent dans la rigole et dans les bassins du labyrinthe, sont repris de temps en temps et remaniés, en partie sur les tamis à dépôts, en partie aux tables dormantes.

Comme précédemment, on achève de débourber les refus de la première grille dans un cuveau rempli d'eau, à l'aide du crible à main; ils passent ensuite au triage et au scheidage, tandis que les refus de la seconde et de la troisième grille subissent directement ces opérations. Le triage donne de la mine à scheider, de la mine à bocarder et de la gangue stérile; le scheidage donne de la gangue et de la mine à préparer par le bocardage pour les tamis à dépôts. Les refus des cribles en tôle percée vont directement aux tamis à dépôts qui donnent de la mine pure, de la mine à bocarder et des gangues.

A Herrengrund près de Neusohl dans la Basse-Hongrie, on se sert aussi du lavoir à grilles de friction pour tirer parti du minerai que peuvent renfermer encore les anciennes haldes. Pour ce travail, toutes les eaux provenant des mines et toutes celles qu'on peut réunir à la surface, sont amenées au haut des vieilles haldes, d'où on les laisse se précipiter sur la pente du tas dont elles délaient et entraînent déjà les matières. En y aidant un peu, ces matières sont emportées par le courant vers une vallée à forte pente, où se trouvent échelonnés quatre ou cinq ateliers de lavage assez distants l'un de l'autre. Les matières entraînées par l'eau sont d'abord travaillées au premier lavoir dont les résidus s'échappent dans des chenaux en bois à pente rapide qui les conduisent successivement aux autres appareils. Les gangues sont entraînées de préférence et une espèce de séparation s'opère déjà dans les chenaux.

La distance qui sépare le premier lavoir du dernier est d'au moins 1800 mètres; on conçoit que la grande simplicité qui recommande ce système, ne le recommande que dans des circonstances économiques toutes spéciales et telles qu'elles se rencontrent à Herrengrund.

A Schmolnitz, dans la Haute-Hongrie, où on a repris également les anciennes haldes, le travail y est tout différent. Toute la menuaille du minerai de cuivre est portée au lavoir au sommet d'une halde très-ancienne. Ce lavoir est un très-grand crible fixe, sur lequel on fait tomber un courant d'eau claire; on y débourbe la menuaille au moyen d'un râble et on la soumet ensuite à un triage. Le fin qui a passé à travers le crible tombe dans une grande caisse en bois et y est repris pour être traité aux cribles à dépôts. Quant aux eaux troubles qui s'échappent de la grande caisse, on en arrose les vieilles haldes. Les particules de chalcopyrite qu'elles peuvent encore contenir s'oxydent, ainsi que celles que contiennent les anciennes haldes et au bout d'un certain temps, on obtient des eaux vitrioliques qui donnent du cuivre de cément.

Ce lavoir *(Kippwæsche)* consiste en un crible suspendu dans une caisse remplie d'eau , et qui peut recevoir un mouvement de bascule autour de son axe.

Les figures 6 et 7 représentent un kippwæsche des laveries des environs de Freiberg. La caisse à eau K est en pièces de sapin de $0^m,035$ d'épaisseur; elle a $1^m,40$ de longueur, $1^m,20$ de largeur et $1^m,70$ de hauteur. Les parois du fond s'inclinent en manière d'entonnoir, vers une ouverture de $0^m,07$ de diamètre que l'on peut fermer et ouvrir à volonté, au moyen d'une bonde en fer M, qui se manœuvre à l'aide d'une tige en fer et d'un levier R. Les montants en bois de $0^m,14$ d'épaisseur, entre lesquels est logée la caisse à eau, supportent à $1^m, 70$ au-dessus du niveau supérieur de la caisse, un arbre en bois de $0^m,95$ de long, de $0^m,10$ de diamètre, et garni de tourillons en fer. Sur cet arbre se trouvent deux arcs de cercle E de $0^m, 60$ de diamètre , où s'enroulent les chaînes D qui viennent se rattacher à deux tourillons t, t placés de chaque côté du crible et servant d'axe. Sur le côté opposé se trouve un arc de cercle F, auquel est attachée une corde qui s'enroule par un tour ou deux sur un treuil B, placé en avant de la caisse à eau. Ce treuil est muni d'une roue à encliquetage, ainsi que d'une manivelle I qui sert à relever et à abaisser le crible. La corde, après s'être enroulée sur le treuil, vient s'attacher à un cylindre en fonte H qu'on peut charger à volonté et qui sert de contrepoids au crible C. Ce contrepoids est guidé dans son mouvement par une cage. De même, pour assurer la régularité des mouvements du crible, les tourillons glissent entre des guides en bois fixées contre les parois de la caisse à eau. Pendant le nettoyage et l'épluchage, les tourillons reposent sur des coussinets entre les guides en bois. La cage du crible a 0ᵐ, 90 de longueur en bas et 0ᵐ, 70 de longueur en haut, 0ᵐ, 65 de largeur et 0ᵐ, 35 de profondeur ; le rétrécissement à la partie supérieure a pour but de maintenir les matières pendant qu'on incline le crible. Le fond du crible est en fils de fer de 0ᵐ, 003 d'épaisseur et entrelacés de manière à laisser des ouvertures de 0ᵐ, 018 de largeur ; ce fond est soutenu par deux barres en fer. Les parois sont en planches de sapin de 0ᵐ, 024 d'épaisseur, consolidées extérieurement par un ruban de fer et revêtues de tôle à l'intérieur. L'appareil est mis en mouvement à l'aide du levier *o*, long de 0ᵐ, 80.

Sur un des petits côtés de la cage du crible est une porte *a*, fermée pendant le travail, et que l'on ouvre pour enlever la menuaille lavée. Les matières à laver sont jetées dans une trémie A, placée près d'un des petits côtés de la caisse à eau et dont l'orifice de sortie débouche à quelques centimètres au-dessus du bord de cette caisse. Cette trémie est munie d'une porte à coulisses qui en ouvre ou en ferme la décharge. De plus, sur le côté antérieur de la caisse, se trouve un canal P destiné à recevoir la menuaille lavée sur le crible. Pendant le travail ce canal est fermé par un couvercle N.

L'eau claire est amenée par un tuyau qui débouche au-dessus de la caisse à eau. Lorsque celle-ci est remplie d'eau jusqu'à un niveau un peu supérieur à celui du crible en repos, on fait tomber la menuaille en ouvrant la porte de la trémie A ; mais auparavant on place entre le crible et le bord de la caisse une planche, afin d'éviter que de la menuaille non lavée ne tombe dans

le réservoir d'eau. On charge le crible sur une hauteur
de $0^m,07$ à $0^m,10$; après quoi on le laisse descendre
jusqu'à ce que ses tourillons viennent reposer sur les
coussinets. Le fond du crible est alors recouvert d'eau
sur une hauteur de $0^m,07$ à $0^m,10$. Un ouvrier saisit le
levier *o* et imprime au crible des oscillations autour de
son axe, jusqu'à ce que la bourbe soit enlevée et que
tout le fin de la menuaille ait passé dans la cuve à eau ;
il lève ensuite le crible, en ouvre la porte et fait tomber
le contenu dans la trémie latérale P dont il a relevé le
couvercle N.

Après un grand nombre de lavages, le fond de la
caisse est chargé d'un dépôt de matières que l'on fait
sortir en levant la bonde M. Pour rendre plus efficace
l'impulsion donnée par l'eau qui s'échappe, on répète
à de courts intervalles ce relevage de la bonde et chaque
fois un ouvrier agite fortement avec une pelle, l'intérieur de la caisse. Les eaux troubles et le dépôt
s'échappent par cette manœuvre et tombent dans un
chenal S, à pente très-forte, qui les amène dans une
caisse T, où se fait le dépôt des grains les plus gros.
Cette caisse à dépôt mesure $2^m,13$ de long, et $0^m,71$
de large ; quant à la profondeur elle varie, elle est
de $0^m,19$ au point où débouche le chenal des eaux
troubles, elle augmente jusqu'au milieu et reste ensuite
constante jusqu'au point de sortie où elle est de $0^m,28$.
A cette extrémité, les eaux font cascade par dessus
bord et tombent dans un autre caisson où se fait un
nouveau dépôt de particules moins grosses ; ce caisson
a $1^m,04$ de longueur, $0^m,71$ de largeur et $0^m,28$ de profondeur. De là, les eaux se rendent dans une suite de
fosses ; chacune d'elles compte $5^m,25$ de long, $0^m,47$ de
large et $0^m,42$ de profondeur ; elles sont établies hori-

zontalement et séparées l'une de l'autre par de petites digues de 0^m,33 de hauteur.

Le dépôt de la première caisse passe au tamis à dépôts ; celui du caisson qui suit est repris sur les tables à secousses où on le traite comme schlamm moyen, et enfin le dépôt qui s'est formé dans les fosses est lavé sur les tables à secousses de la même manière que les schlamms des bassins des labyrinthes ordinaires.

En 12 heures, avec trois hommes , on traite sur ce crible environ 6 mètres cubes de menuaille.

On emploie peu d'eau à cet appareil , mais il exige trop de main-d'œuvre et ne donne qu'un classement insuffisant ; aussi ne la rencontre-t-on plus guère ; il est destiné à disparaître.

A l'établissement de Beschert-Gluck , le triage de la mine qui reste sur le crible donne le classement suivant : 1° Minerai plombeux ; 2° minerai d'argent ; 3° mine à scheider ; 4° mine à bocarder ; 5° gangue stérile.

La menuaille qui provient du district nord de Freiberg et celle qui provient du district sud sont traitées séparément, tant pour le débourbage que pour le triage qui le suit. Elles se distinguent, en effet, par leur teneur. Ainsi le n° 1 , le minerai plombeux du district nord, a une moyenne de 180 à 220 kilog. de plomb et de 4^k,500 à 5^k,120 d'argent à la tonne de 1000 kilog.; tandis que le même numéro, dans le district sud , contient 275 kil. de plomb , il est vrai, mais au plus 3$_k$,400 d'argent par 1000 kil. On retrouve la même disproportion dans des minerais maigres d'argent : dans le district nord, la teneur de ces minerais venant de la menuaille est, par tonne de 1000 kilog , de 2$_k$,270 à 2^k,560 d'argent et dans le district sud elle n'est que de 1$_k$,420 à 2^k d'argent.

Si l'on compare ces teneurs des minerais que donne la menuaille, avec celle des minerais de même dénomination et qui proviennent du scheidage, on trouve que les premiers sont plus riches. Ce qui tient à ce fait que nous avons déjà mentionné, que la galène et d'autres minerais métalliques étant plus fragiles que les gangues, se retrouvent souvent en forte quantité dans la menuaille.

Le triage de la menuaille débourbée donne des morceaux qu'on ne peut classer convenablement qu'en les faisant passer au scheidage ; c'est pour ces morceaux que dans chaque atelier de lavage, on dispose un banc de scheidage où l'on répartit les matières comme on le fait pour la mine à scheider ordinaire.

On obtient en général si peu de mine à setzer, que l'ouvrier la concasse presque toujours avec son marteau de scheideur, pour la mélanger avec la menuaille de scheidage et la soumettre en même temps au travail des tamis à dépôts.

On trouve souvent pendant le triage, de gros morceaux qui consistent presqu'entièrement en gangue pure et qui n'ont qu'un grain ou même qu'un enduit de bon minerai. Si l'on envoyait ces morceaux aux scheideurs on compliquerait sans grand profit leur besogne, on préfère charger les gamins qui font le triage de les détacher avec un marteau à panne biseautée.

LAVOIR A CRIBLES A SECOUSSES.

Cette machine (*Rœtterwœsche*) est employée dans les laveries du Harz. En même temps qu'elle effectue un débourbage, elle classe les menus selon diverses grosseurs, mais elle présente ces inconvénients, d'exiger beaucoup d'eau et de force motrice ; on ne s'en servira donc que lorsqu'on aura ces deux agents en abondance.

Les morceaux du minerai que l'on traite sur le crible à secousses ne doivent pas avoir de trop fortes dimensions afin de ne pas endommager l'appareil : les morceaux de la grosseur d'un poing et au-dessus sont mis à part et traités avec les plus gros morceaux qui viennent du travail du lavoir.

Le lavoir à cribles à secousses se compose de deux caisses à cribles *(Rœtter)* A et B, figure 3, planche II, placées l'une au-dessus de l'autre et inclinées en sens contraire. Les figures 4, 5 et 6 en donnent des coupes longitudinales et transversales. Ces caisses sont mobiles autour des axes a et a'. Leur extrémité inférieure est garnie d'une sorte d'étrier b, b (en allemand, *halben Kreuze*; en wallon, *tiess di jvâ*) qui se relie par des bielles ou des chaînes à un balancier coudé, lequel reçoit son mouvement de cames que porte l'arbre d'une roue hydraulique. Par ce système l'extrémité inférieure de chaque caisse est soulevée à une certaine hauteur et retombe ensuite de tout son poids sur les traverses horizontales C, C qui font partie de la charpente sur laquelle est assis l'appareil. Ces traverses sont entaillées suivant la pente des cribles et revêtues de tôle afin de mieux résister. Ces caisses reçoivent chacune de 35 à 50 secouses par minute; leur levée varie de $0^m,12$ à $0^m,22$.

L'eau est amenée par des conduits munis de vannes et disposés de façon à permettre de faire tomber tout le courant au sommet du crible supérieur; d'autres fois, l'eau arrive par une caisse D percée de trous et tombe sur une grande partie de la surface de ce crible.

Les cribles à mailles de différentes grandeurs qui

forment les fonds des deux rætters, varient de nombre et de position ; ainsi tantôt il y en a deux ou trois à la suite l'un de l'autre sur un même plan, tantôt ils sont superposés ; fig. 4, 5 et 6. Nous décrirons un appareil qui représente cette dernière disposition et dont nous empruntons les dimensions à des renseignements réunis par M. l'ingénieur Rivot (1)

Les principales dimensions de la caisse supérieure A (ober-Rætter), dont la figure 3 donne l'élévation, la figure 4 la coupe longitudinale et la figure 6 la coupe transversale, sont : longueur 2ᵐ,36 ; largeur et profondeur 0ᵐ,50 ; inclinaison, un centimètre sur trois ; amplitude des levées 0ᵐ,14 à 0ᵐ,17. Les grilles y sont disposées en deux rangées parallèles. La partie $m\,n$ est une plaque en fonte destinée à recevoir le minerai. La grille $n\,p$, en fonte, est en quatre morceaux carrés, en escalier, l'un au dessus l'autre, de manière que chacun d'eux est un peu moins incliné que le rætter. Les ouvertures carrées de ces grilles ont 0ᵐ,024 de côté. La plaque pqr est en fonte, elle conduit les fragments trop gros au-delà de la grille, sur une table de triage T *(Klaubtische* ou *Klaubetafel.)* Cette table est horizontale, en fonte et percée d'ouvertures de même grandeur que celles de la première grille : de sorte que les petits morceaux entraînés à tort sur cette table, sont aisément séparés.

La grille inférieure de la première caisse est disposée comme la précédente ; les ouvertures ont 0ᵐ,015 de côté. Les grenailles trop grosses pour passer à travers, tombent par l'ouverture *o* dans une case infé-

____

(1) *Ann. des Mines,* 4ᵉ s., t. XIX.

rieure ; celles qui ont traversé les deux grilles arrivent par l'ouverture *u* sur le rœtter inférieur.

Les dimensions principales de la caisse inférieure B *(unter-Rœtter)* sont : longueur 2m,59 ; largeur 0m,43 ; hauteur 0m,48 ; inclinaison 1 centimètre sur 4 ; amplitudes des levées 0m,12 à 0m,15. Les grilles sont en fils de fer et de laiton croisés à angle droit. La plaque supérieure *cd*, fig. 5, est en fonte et reçoit le minerai qui vient du premier rœtter ; ce minerai passe de *d* en *e* sur trois grilles carrées en fil de fer, dont les ouvertures ont 0m,0045 de côté. Les refus de ces grilles descendent par le plan incliné en fonte *ef* sur la grille *fg*, dont les ouvertures ont 0m,009 de côté. Ce qui passe à travers *fg* sort par l'orifice *s* et tombe dans la case S ; ce qui reste sur cette grille glisse sur *gh* et tombe en avant de la caisse.

La grille inférieure est en trois parties, et formée de fils de laiton croisés présentant des ouvertures de 0m,002 de côté. Les grains qui ne peuvent traverser ces grilles sortent du rœtter par l'ouverture *t*, et sont reçus dans la case P. Ce qui passe, tombe dans une case H dont le fond est un canal incliné qui conduit les sables fins, les schlamms et les eaux aux canaux et aux labyrinthes des bocards.

Les deux appareils fonctionnent à raison de 45 à 50 levées chacun par minute.

Pour le travail, la menuaille à débourber et à classer est déposée sur un plancher au dessus de l'appareil ; on la jette à la pelle ou par des trémies sur le rœtter supérieur. Les secousses incessantes que reçoit la masse au milieu d'un courant d'eau, la débourbent et la font avancer progressivement sur la série des grilles qui en opèrent le classement.

On obtient ainsi : 1° des fragments sur la table T, il subissent un triage; 2° différents lots de grains à setzer; 3° du sable ou grain fin à passer aux petites tables à secousses ou aux caissons allemands ; 4° des schlamms ou bourbes qui se réunissent à ceux qui viennent des bocards pour être traités sur des tables dormantes.

Le triage sur la table T partage le minerai en : 1° mine pure pour usines ; 2° mine à scheider ; 3° menu à broyer à sec, pour obtenir des grains à setzer ; 4° mine à bocarder ; 5° mine à bocarder n° 2 ; 6° gangue stérile. — La mine à bocarder n° 2 est plus pauvre que la précédente ; on la met en réserve en été, pour la débarrasser en hiver d'une partie de sa gangue stérile au moyen d'une sorte de scheidage.

La quantité de menuaille que l'on passe en 12 heures au lavoir à cribles à secousses, peut être estimée de 6 à 7 mètres cubes. Mais on conçoit qu'elle varie selon diverses circonstances, telles que la quantité d'eau dont on dispose, la nature de la boue, le classement plus ou moins parfait que l'on veut obtenir. Plus on passera de matière, moins bons naturellement seront les résultats ; si la gangue est assez argileuse, le lavage devient insuffisant.

On peut reprocher à cet appareil de dépenser la majeure partie de la force à soulever les caisses qui pèsent plus que le minerai qu'elles portent, et dont on ne peut diminuer le poids qu'en courant le risque de les voir se détériorer rapidement par l'effet des chocs ; enfin, ces chocs ne font pas seulement descendre la matière le long des grilles, ils font encore sauter au dehors des grains qui échappent ainsi au classement régulier.

Dans plusieurs ateliers du Haut-Harz on rencontre

des rætters doubles, présentant deux grilles de front. M. Rivot signale à Saint-Andreasberg, un système qui se compose de trois rætters superposés et qui par conséquent exige une force motrice plus grande encore que les précédents. Cet appareil donne huit produits de grosseurs différentes.

Les rætters commencent à être remplacés par des trommels.

LAVOIR A TOURBILLON D'EAU.

Cette machine *(Sprudelwæsche)* est employé à Nagyag en Transylvanie. Elle consiste en une cuve de $2^m,20$ de diamètre et de 0,65 de hauteur, construite en douves de bois assemblées à la manière ordinaire et maintenues par trois cercles en fer: planche II, fig. 7. Cette cuve est traversée par un axe ou arbre vertical en fer qui porte en-dessous une lanterne à fuseaux recevant son mouvement d'une roue de rencontre. Sur toute la hauteur de la cuve l'arbre traverse un manchon imperméable; son extrémité supérieure porte une croix en bois de chêne de $0^m,08$ d'équarrissage et dont les bras sont perpendiculaires entre eux et à l'arbre. Ces bras portent des dents en fer qui descendent à peu près verticalement jusque vers le fond de la cuve; ils portent encore à leur extrémité, une sorte de pelle en fer qui empêche les schlamms de s'attacher aux parois verticales de l'appareil. Un chenal en bois amène continûment un courant d'eau claire dans la cuve, dont le dessus est à découvert et qui présente sur la paroi verticale et au niveau du fond une ouverture carrée de $0^m,16$ de côté que l'on peut diminuer à volonté à l'aide d'une porte à coulisses. C'est par cette ouverture que sortent la menuaille débourbée et les eaux troubles qui se rendent ensemble par un chenal, dans la cage aux cribles.

Des appareils semblables ont été appliqués au débourbage des menus dans la Hesse et dans la principauté de Waldeck ; mais c'est en Transylvanie qu'on y a joint pour la première fois un appareil de criblage.

Cet appareil de criblage est formé d'une espèce de cage en bois, solidement construite et ouverte de tous côtés. Dans le vide intérieur sont superposés et fixés quatre cribles, distants l'un de l'autre de $0^m,16$. La cage et les cribles forment ainsi un tout, long de $3^m,16$ et large de $0^m,55$. Les longs côtés de cet appareil et par conséquent les cribles, sont inclinés à l'horizon de 20° et peuvent recevoir des secousses par suite des dispositions suivantes.

Sur les deux longs côtés de la cage aux cribles, se trouvent les tourillons d'un axe qui traverse la caisse dans le sens de la largeur et qui est plus rapproché de l'extrémité qui regarde la cuve à débourber que de l'autre. Celle-ci repose sur des poteaux qui, étant placés plus bas, déterminent l'inclinaison de tout l'appareil. Une tige en fer attachée au petit côté de la cage le plus proche de l'axe, présente à sa partie inférieure une patte, sur laquelle viennent presser successivement les diverses cames que porte une roue en mouvement. Par cette simple disposition, les cribles basculent légèrement, puis retombent brusquement sur les poteaux, après une levée d'environ $0^m,06$. Ils reçoivent ainsi des vibrations favorables au travail.

Les quatre cribles ont la même largeur, mais les longueurs et les ouvertures des grilles diffèrent. Pour le premier crible ces dimensions sont respectivement $1^m,90$ et $0^m,02$; pour le second $1^m,58$ et $0^m,013$; pour le troisième 1^m,26 et 0^m,006 ; pour le quatrième 0^m,95 et 0^m,003. Tous ces cribles sont en fort fil de fer. L'inégalité que l'on remarque dans leur longueur a pour but de laisser, à l'extrémité de chacun d'eux, un espace dans lequel les refus de chaque crible peuvent tomber séparément, et être repris ainsi pour le triage qui leur convient.

Pour le travail, on jette dans la cuve à tourbillon d'eau la charge de menuaille à débourber, et on la jette sur le côté opposé à l'ouverture de sortie. Une petite vanne ou tout autre disposition, ferme en partie cette ouverture, afin que l'afflux d'eau claire qui ne cesse de tomber dans la cuve, ne puisse la faire déborder. Le mouvement de l'arbre central et les rateaux qui y sont attachés, donne à l'eau un mouvement giratoire et tourbillonnant qui débourbe complètement la menuaille. Quand on la juge assez dépouillée, on ouvre entièrement l'orifice de sortie et sans arrêter le mouvement des rateaux ni l'arrivée de l'eau claire, on évacue sur les cribles tous les produits du débourbage. Lorsque la cuve est tout-à-fait vidée, on ferme en partie l'orifice de sortie, on fait un nouveau chargement, et on recommence le travail que nous venons de décrire.

Pendant que l'on débourbe une charge dans la cuve, on s'occupe d'achever le criblage des minerais débourbés; car bien que l'inclinaison des cribles et les secousses qu'on leur donne, favorisent cette opération, il faut néanmoins y aider encore en fesant passer et repasser les matières sur le crible, au moyen d'un râble. On obtient ainsi le minerai divisé en autant de classes qu'il y a de cribles. Les refus sont traités comme dans les autres lavages, et le fin qui a traversé le dernier crible, est conduit par un chenal dans un labyrinthe semblable à celui des bocards à eau.

Si l'on dispose de beaucoup d'eau , si la boue n'est pas très-adhérente, un lavoir à tourbillon d'eau peut élaborer 18.000 kil. en 12 heures , mais il consomme beaucoup de force.

CÔNE DÉBOURBEUR.

Cet appareil est représenté par les figures 1, 2 et 3 de la planche III. Le cône A est construit en moellons. Sa partie supérieure est au niveau d'un chemin de fer qui amène le minerai brut. Le minerai jeté dans l'entonnoir y est lavé dans un fort courant d'eau fourni par le canal B et que, d'ailleurs, on peut régler. L'entonnoir est placé en dehors de l'atelier : il a 1^m85 de hauteur environ. La base inférieure est un peu inclinée vers l'intérieur de l'atelier, afin que le minerai puisse être plus facilement tiré sur la grille D qui sépare le cône de la table de triage T. Cette grille mesure $0^m,50$ sur $0^m,90$; les barreaux sont écartés de $0^m,02$. La table de triage est à $0^m,62$ au-dessus du sol et mesure 3^m sur $1^m,50$. Un ouvrier debout sur cette table, râcle, à l'aide d'un rateau, le minerai dans l'eau et sur la grille; les schlamms et le menu passent entre les barreaux et tombent dans un canal incliné a a, qui les conduit dans le durchlass ou boîte à pêcher b. Les grains se précipitent au fond de cette boîte, d'où un ouvrier est constamment occupé à les retirer à la pelle; les schlamms sont entraînés par l'eau vers des bassins de dépôt.

Quant au minerai en gros morceaux qui n'a pu traverser la grille, l'ouvrier râcleur le pousse sur la table; là, des femmes rangées autour, le trient et placent les diverses qualités dans de petites caisses en bois.

Cet appareil ne vaut pas mieux que les autres lorsqu'il s'agit de débourber des matières argileuses, mais pour des matières non argileuses, il fait un bon travail avec une grande rapidité.

Le service d'un débourbeur s'effectue par six ouvriers : un homme à la grille, un homme au durchlass et 4 trieuses. Avec ce personnel, on peut, en une journée de 9 heures de travail effectif, débourber et trier environ 40 tonnes de minerai brut.

Cet appareil débourbeur se trouve dans plusieurs ateliers des provinces rhénanes. Dans quelques localités le cône a été transformé en un plan ; un trommel placé à la suite de la grille peut distribuer en trois ou quatre classes ce qui traverse cette grille.

TROMMELS DE DÉBOURBAGE.

Les trommels sont les appareils de débourbage qui ont aujourd'hui le plus de faveur et qui sont les plus répandus.

La première application des trommels au débourbage de la menuaille de mine eut lieu en Saxe ; mais les premiers essais furent faits avec des appareils mal établis, sujets à des réparations continuelles et par suite d'un entretien coûteux. Ils étaient de plus beaucoup trop petits, ils ne pouvaient donc laver en une fois que de faibles quantités de matières, ce qui entraînait une notable dépense de main d'œuvre ; enfin, ils présentaient encore l'inconvénient de n'effectuer aucune séparation des matières lavées par ordre de grosseur de grains. Depuis, ces appareils ont été perfectionnés selon les circonstances dans les localités où on les a employés. Nous consacrerons quelques lignes aux premiers essais d'amélioration, nous montrerons ensuite les dispositions les plus heureuses adoptées dans divers pays.

Les premiers tromnels de débourbage consistaient en un cylindre vide dont la surface formait crible. Les deux fonds étaient deux disques en bois, traversés par un axe en fer dont les tourillons tournaient dans des paliers à coussinets ; ils avaient chacun une porte en tôle. Le trommel se mouvait dans un encadrement solide en bois dont les longues pièces, parallèles au cylindre, portaient à l'une de leurs extrémités des charnières qui permettaient de soulever l'appareil et de faire décrire à son axe une portion de cercle. Pour la transmission du mouvement de rotation sur lui-même, cet axe portait une poulie ou tout autre disposition.

En service de débourbage, le tromnel avait son axe de rotation horizontal et plongeait presque à moitié dans une caisse ou réservoir rempli d'eau. Ce réservoir avait un fond en forme de pyramide renversée dont les faces s'inclinaient vers un orifice de décharge qu'on ouvrait et qu'on fermait à volonté à l'aide d'une bonde ; on pouvait ainsi en opérer la vidange. L'eau nécessaire au service de l'appareil était fournie par un chenal qui débouchait au niveau supérieur de la caisse.

Pour charger la menuaille à débourber on faisait tourner le tromnel sur les charnières de son encadrement, il présentait ainsi vers le haut un de ses fonds ; ou en ouvrait la porte en tôle et on introduisait à l'aide d'un entonnoir la charge de menuaille à laver, on refermait la porte de chargement et on redescendait le cylindre. On donnait alors au trommel un mouvement de rotation autour de son axe : les sables et la boue de mine enlevés par l'eau s'échappaient par la claire-voie et se rendaient dans la caisse à eau, tandis que les fragments restaient dans le tromnel. Lorsque le débourbage était achevé, on relevait l'appareil et on ouvrait la porte du fond inférieur pour faire sortir le minerai lavé. On refermait ensuite cette porte, on ouvrait celle du fond supérieur, on chargeait de nouveau, on refermait la porte, on abaissait le trommel et on recommençait un débourbage.

Le service de ce trommel exigeait quatre gamins : deux pour amener la menuaille à laver ; pour charger et pour vider ; deux pour relever l'appareil et le faire tourner. Les premiers trommels, qui n'avaient guère que $0^m,62$ de long sur $0^m,58$ de diamètre, ne chargeaient qu'environ 50 kil. à la fois ; il fallait au moins six minutes pour le chargement, le débourbage et le déchargement, de sorte qu'en 12 heures on ne pouvait compter que sur un débourbage de 5.500 kil. de menuaille.

Dès qu'on eut constaté les défauts de cet appareil, la première amélioration a consisté à augmenter ses dimensions ; dès lors on ne l'a plus fait mouvoir directement à bras d'homme : pour le relever on s'est servi d'une corde passant sur des poulies et allant s'enrouler sur un treuil ; on soulageait en outre la manœuvre du relevage et de la descente à l'aide de contre-poids. Les lames de fer entrelacées qui formaient la clairevoie ont été remplacées par des barres laissant entre elles un certain intervalle. Les barres en bois qui se détérioraient rapidement, modifiaient ainsi l'écartement. et nécessitaient des réparations fréquentes, ont été remplacées par des barres en fonte. On a disposé audessous du trommel un crible plat, suspendu, qui effectuait un classement pour les menus fragments. Ce crible recevait des secousses au moyen de cames placées à la circonférence du trommel. Les boues furent dirigées vers le labyrinthe du bocard. La manœuvre restait la même. On chargeait en une fois 1300 kil. Quatre hommes pouvaient débourber 45.000 kil. par jour. Ces appareils avaient le désavantage de n'effectuer qu'un classement insignifiant suivant la grosseur des fragments.

En Transylvanie, on a imaginé d'employer pour le débourbage des trommels coniques et de les disposer de manière à obtenir plusieurs catégories de grosseurs de grains.

Cet appareil se composait d'un tambour en tronc de cône ayant 4^m,10 de long , 0^m,48 et 0^m,95 de diamètre aux bases.

L'axe qui le traversait sur la longueur portait des croisillons en bois plantés suivant les rayons d'un cercle et présentant à leurs extrémités des jantes de bois assemblées suivant une circonférence. Sur ces couronnes étaient clouées des douves jointives qui formaient la surface courbe du tonneau conique débourbeur. A l'aide de croisillons et de couronnes semblables, on avait fixé à la suite, des cribles de diverses ouvertures.

La menuaille à débourber et à classer, préalablement délayée, et mélangée de beaucoup d'eau, tombait, à l'aide d'une trémie et par l'orifice le plus petit, dans le tonneau conique. On y faisait arriver pendant toute l'opération un courant non interrompu d'eau claire. La menuaille et les eaux de lavage étaient successivement entraînées pendant la rotation de l'appareil sur les quatre cribles classeurs. Ces cribles en admettaient chacun une partie qui était conduite par une trémie sur une table, si ce n'est pour le dernier crible qui ne laissait passer que des matières fines qu'on dirigeait vers le labyrinthe.

Cette simple description de la machine suffit pour

faire comprendre qu'une partie de la menuaille devait rester dans le trommel débourbeur sans arriver au crible ; la même observation se présente pour le passage d'un crible à l'autre. Cette circonstance devait nuire notablement à un classement convenable ; en outre, malgré la grande quantité d'eau dépensée, le débourbage laissait à désirer.

Nous n'en dirons rien de plus : cet appareil n'est intéressant qu'en ce qu'il contenait le germe de dispositions avantageuses qui ont été conçues par la suite et qu'on retrouvera dans plusieurs des trommels dont nous allons parler.

TROMMEL DE SCHEMNITZ.

M. Rittinger a établi à Schemnitz (Basse-Hongrie), un système de trommels débourbeurs et classeurs avec les dispositions suivantes (1). Le trommel conique C, pl. III, fig. 4, 5 et 6, a une longueur de 3^m,08 ; le diamètre de sa grande base est de 2^m,10, celui de la petite base, de 1^m,50. Il reçoit une vitesse de 7 à 8 tours par minute par l'intermédiaire d'une courroie et de la poulie *r*. A sa partie extrême représentée par la fig. 5, il est muni d'une couronne de 0^m,15 de large et dans laquelle sont disposés 20 palettes en tôle de 0^m,085 de hauteur. Sur les bras en fer qui relient la paroi de ce trommel à son axe, est fixé intérieurement un second trommel à claire-voie. L'extrémité de ce second trommel porte également une couronne à augets.

Plus loin, monté sur le même axe, se trouve un troisième trommel T, fig. 6, long de 1^m,50, large de 1^m,25 à 1^m,70. Sa paroi est en fils de fer présentant deux

(1) *Ann. des Mines*, 4e s., t. X, p. 640.

espacements de manière à faire deux classes. Les côtes en bois de ce trommel portent des cames en fer e, e' e'', qui soulèvent successivement un marteau en bois n ; celui-ci, en retombant sur la maille du crible, détermine des secousses qui évitent l'obstruction.

Le minerai arrive en waggon par un chemin de fer au-dessus de la trémie s qui le conduit dans le trommel C. De l'eau s'y rend également par le canal m pour le débourbage. Le trommel intérieur à claire-voie fait un classement : les refus descendent dans les augets de la couronne x, x ; ce qui traverse la claire-voie descend dans les augets du trommel extérieur. A chaque tour, ces matières, retenues par les palettes en tôle, sont portées à la partie supérieure, d'où elles tombent alors sur des plans inclinés p et P. Le plan p les conduit sur la table a. Le plan P conduit la partie la plus fine dans le trommel T, qui, étant formé de deux mailles différemment larges, donne trois catégories de grosseurs : les grains les plus fins qui sortent d'abord et se rendent par le coursier l dans le canal z situé au-dessous ; une seconde catégorie, qui tombe sur la table b ; les refus enfin qui sont reçus sur la table d. Ces tables sont inclinées et garnies de feuilles de tôle.

La matière se trouve donc ainsi débourbée et classée en quatre catégories selon la grosseur :

1° Le gros sur la table a pour triage et cassage.

2° Le moyen sur la table d pour cribles à secousses.

3° Le fin sur la table b pour cribles à secousses.

4° Les schlamms dans le canal z.

Avec deux ouvriers occupés, l'un à soigner l'approvisionnement de la trémie, l'autre à enlever les matières classées et à les conduire à leur destination, on peut élaborer ainsi en 12 heures plus de 60^{m^n} de minerai.

TROMMELS DE SILÉSIE.

Plusieurs trommels ont été construits dans la Haute-Silésie par M. de Carnall pour le lavage de minerais de zinc et de plomb. Nous empruntons à la notice qu'a publiée à ce sujet M. l'ingénieur A. Delesse (1), les renseignements suivants.

À Scharley, la calamine à laver est argileuse et dolomitique ; le trommel employé pour la débourber est à moitié plongé dans l'eau, voir pl. IV, fig. 1, 2, 3 et 4. Il est formé d'une partie pleine et d'une partie à claire-voie, son axe est en fer, la partie pleine est en forte tôle, la partie à claire-voie est formée par des barreaux en fer de 0^m,012 d'épaisseur, espacés de 0^m,006 depuis d jusqu'en e, fig. 1, et de 0^m,012 depuis e jusqu'en f : dans l'intérieur, règne une couronne hélicoïdale qui amène le minerai jusqu'en e ; dé là, il se rend dans le cylindre en bois $ee'f'ff''e''$. Comme en vertu de son poids il se tient toujours à la partie inférieure, lorsqu'après une révolution entière du trommel l'ouverture h, fig. 2, se présente dans la verticale, il tombe dans le deuxième cylindre à claire-voie, qui est d'un rayon plus grand que le premier, et il en sort après un tour entier par une ouverture trapézoïdale pratiquée en i à la tête du trommel.

Il est facile de voir sur la figure 1, comment ce résultat est produit au moyen de la cloison inclinée $i'i''$, qui est placée à côté de l'ouverture h et qui ne fera sortir les morceaux de minerai que lorsqu'elle sera voisine de sa position verticale supérieure.

La roue de séparation, figures 5 et 6, est un appareil de triage à rotation inventé par M. de Carnall. Les

(1) *Ann. des mines*, 4ᵉ s., t. IV, p. 377 et t. VI, p. 213.

premiers essais que fit cet ingénieur réussirent très-bien pour des minerais ayant une certaine grosseur, mais pour le menu la séparation ne s'effectua presque pas ; ayant fait diverses expériences dans des appareils cylindriques plus ou moins analogues à celui-ci, il n'obtint pas de meilleurs résultats. Cela tenait à ce que le sable qui accompagne la dolomie se pelotonnant avec le minerai et l'eau employée pour le lavage, formait une pâte qui adhérait à la circonférence de la roue et retenait avec elle la plus grande partie du sable qui aurait dû traverser la portion à claire-voie. M. de Carnall remédia à cet inconvénient en dirigeant une lame d'eau sur la circonférence de la roue : le choc de l'eau détruisit les petits pelotons de pâte sableuse qui adhéraient à la surface du treillage, et le sable se sépara alors très-facilement.

L'appareil employé à Scharley reçoit son mouvement de l'arbre principal au moyen d'une chaîne sans fin et il fait de 9 à 10 tours par minute. Il est en quelque sorte formé de deux roues différentes qui sont accolées ; le premier compartiment reçoit par le conduit j le minerai qui a traversé la portion à claire-voie des trommels ; il se compose d'une couronne cylindrique ouverte à fond de bois $k\, k'\, k''\, k'''$; celle-ci présente deux cloisons inclinées telles que $l\, l'$ qui sont à 180° l'une de l'autre et ont même hauteur que la couronne cylindrique. On conçoit alors que par suite du mouvement de rotation de la roue de séparation, le minerai, qui en vertu de son poids se tient en $k\, k'$, sera entraîné lorsque la cloison $l\, l'$ se présentera ; il glissera sur le plan incliné qu'elle forme, et pénétrera par l'ouverture m dans le deuxième compartiment de la roue : cela aura évidemment lieu deux fois pendant un tour de l'appareil. Quant au deuxième compartiment, il forme une couronne cylindrique fermée ; la surface intérieure est en bois, tandis que la surface extérieure est à claire-voie et formée par des fils de fer de 0^m,005 de diamètre distants de 0^m,003. Arrivé dans ce deuxième compartiment le minerai est d'abord entraîné sur le treillage, mais la lame d'eau qui s'échappe par le conduit en fonte *o*, le débarrasse complètement du sable et du menu qui l'accompagne ; après un demi-tour de la roue il est entraîné par la cloison en bois *n*, et bientôt il tombe en vertu de son poids par l'ouverture *p*, ce minerai est reçu sur un plan incliné qui l'amène en *r* sur le sol de l'usine.

Pour le travail, le minerai est porté sur un plancher au-dessus du trommel ; on le charge par l'entonnoir *g* qui reçoit en même temps de l'eau en abondance. On emploie autant que possible, surtout pendant l'hiver, de l'eau de condensation provenant d'une machine à vapeur, le lavage se fait alors beaucoup mieux.

La moitié environ de l'eau, tenant en suspension la plus grande partie des schlamms, ressort à la partie antérieure du trommel, se rend dans le réservoir *b*, figures 3 et 4, puis dans le conduit *c* qui l'amène dans des bassins de dépôt très-larges et très-profonds. On est ainsi débarrassé d'une partie des schlamms qui gêneraient pour les opérations ultérieures du lavage. Quant au minerai qui a été chargé dans le trommel, il est poussé par la surface héliçoïdale, il se rend dans les cylindres à claire-voie et une portion sort par l'ouverture *i* à la partie postérieure. Un plan incliné la reçoit et la conduit sur des tables en fonte *t* présentant des trous carrés de 0^m,026 de côté. Ce produit est composé en grande partie de calamine pure ; cependant il y a encore de l'argile adhérente ou des morceaux de gangue ; des jeunes gens enlèvent toutes ces matières étrangères , en lavant les morceaux ou en les râclant , ou enfin en employant le marteau. Le minerai qui sort de leurs mains est transporté hors de la laverie et mis en tas pour être vendu.

Le menu que donne l'opération précédente, traverse les trous carrés de $0^m,025$ qui sont pratiqués dans la table t et se rend dans une fosse dont on l'extrait de temps en temps pour le faire passer à la roue de séparation. Cette même roue reçoit aussi, par le réservoir u et le conduit j, la matière qui traverse les parties à claire-voie du trommel ; de petites portes permettent de régler la quantité d'eau et d'augmenter au besoin la rapidité du courant, de manière que tout le minerai soit entraîné; l'ouvrier veille en tous cas à ce qu'il ne se produise pas d'engorgement.

Lorsque le menu du trommel est arrivé par le conduit j dans la roue de séparation , figures 5 et 6 , il reste , pendant un demi-tour de la roue, à la partie inférieure en $k\,k'$, dans le premier compartiment , où il est agité avec l'eau qui arrive du conduit ; puis la cloison $l\,l'$ l'entraîne dans le deuxième compartiment, où il se divise en deux parties. La première partie, qui est la plus ténue , enlevée par l'action de la lame d'eau , traverse les vides laissés par les fils de fer et se rend dans le coursier s au-dessous de la roue. Au moyen d'une petite porte r , on règle à volonté le mouvement de l'eau dans ce coursier et on empêche que les parcelles métalliques ne soient entraînées par un courant trop rapide. Un ouvrier muni d'une pelle est constamment occupé à ramener vers la roue le menu qui a traversé le treillage , il le débarrasse ainsi complètement des matières boueuses qui l'accompagnent encore et il le rejette à mesure sur le sol de l'usine : la richesse de ce produit est de 7 à 10 pour 100. Quant aux schlamms entraînés par le courant, ils se rendent dans des bassins de dépôt. Ils sont formés principalement d'argile zincifère ; leur richesse est de 4 à 6 pour 100 de zinc.

La portion de minerai qui n'a pu traverser le treillage de la roue de séparation est rejetée à chaque demi-tour de la roue par les ouvertures p et p' ; elle tombe sur le sol de la laverie.

M. Delesse mentionne encore une autre disposition adoptée à Tarnowitz par M. de Carnall, pour le débourbage d'une galène très-argileuse et le classement des fragments. Elle se compose d'un trommel conique à parois pleines en tôle et à cloison intérieure hélicoïdale, suivi d'une courte partie cylindrique garnie de même, fig. 1, planche V. Cet appareil fait environ 13 tours par minute ; un manchon d'embrayage permet de le faire tourner dans les deux sens. Son plus grand diamètre est de $1^m,25$, le plus petit de $0^m,63$. Le service se fait par trois hommes. Ils chargent avec des pelles le minerai dans le trommel ; ce chargement se fait à l'ouverture A, par laquelle ils laissent arriver de l'eau chaude provenant d'une machine à vapeur. En même temps, ils donnent au trommel un mouvement tel, qu'un point placé sur la surface hélicoïdale serait poussé de a' vers a ; comme cette surface hélicoïdale ne se continue pas jusqu'à l'ouverture de chargement du trommel, on conçoit que le minerai n'en pourra sortir. Le chargement et ce mouvement durent 5 minutes ; lorsqu'on traite du menu de mine accompagné de beaucoup d'ocre et d'argile, on laisse encore le trommel tourner dans le même sens pendant 10 à 15 minutes ; puis on lui donne un mouvement en sens contraire en faisant arriver l'eau par le conduit a' : lorsque le minerai est très-impur, on alterne même plusieurs fois le sens du mouvement, de cette manière on le fait promener par la surface héliçoïdale d'un bout du trommel à l'autre et le courant d'eau qui agit en même temps le débourbe et le débarrasse des schlamms. Quand le minerai contient, au contraire, peu de matières argileuses et seulement de la dolomie concassée, il n'est pas nécessaire de changer le sens du mouvement du trommel, il suffit que le minerai le traverse une fois dans sa longueur. Selon la nature du minerai la quantité passée dans une journée à cet appareil peut varier entre 20 et 60 mètres cubes.

Les schlamms qui viennent de ce débourbage sortent à travers une grille e et se rendent par le canal c dans un bassin de dépôt. Quant au minerai qui sort du trommel plein, il tombe par le canal en tôle m', figures 1 et 2, dans un trommel de séparation qui se trouve au-dessous du premier. Ce trommel qui n'a pas comme le premier de cloison héliçoïdale pour faire avancer le minerai, doit être légèrement incliné à l'horizon ; on a trouvé par expérience que la meilleure inclinaison à lui donner, pour le minerai de Tarnowitz, était de 7° à 8°. Toutefois, pour arrêter le minerai dans sa chute on a reconnu bon de placer à la tête une couronne courbe comme celle du premier trommel, on arrive ainsi à le faire mieux laver par l'eau qui s'écoule du conduit a'. La surface de ce trommel est une claire-voie composée de trois parties b, b', b''. Comme le minerai ne présente pas une structure schisteuse et que les morceaux ont à peu près leurs trois dimensions égales, il suffit que la surface soit formée par des barreaux de fer placés à une certaine distance l'un de l'autre. Les trois claires-voies ont respectivement pour longueur 0^m,73, 0^m,50 et 0^m,42 ; les intervalles entre les barreaux sont de 0^m,013, 0^m,019 et 0^m,026 ; quant à l'épaisseur des barreaux elle est de 0^m,013. Le diamètre de ce trommel est de 0^m,948 ; la vitesse est de 16 tours par minute. Les fragments qui n'ont pu passer entre les barreaux forment du minerai à trier ; ce qui traverse les deux dernières grilles donne deux classes de grains à cribler, enfin ce qu'admet la première grille tombe avec l'eau qui l'accompagne sur le plan incliné t, figure 2, et se rend dans la roue de séparation qui continue à le laver et le répartit en morceaux d'égale grosseur.

Dans cet appareil l'axe d, par l'intermédiaire d'un engrenage conique, met en mouvement l'axe horizontal d' ; ce dernier porte une poulie l sur laquelle est passée une courroie sans fin qui, s'adaptant à un tambour f, donne le mouvement.

Cet appareil de séparation se compose de trois roues gg, nn, pp, montées sur le même arbre, lequel fait neuf tours par minute. La première roue a 2^m,51 de diamètre sur 0^m,31 de largeur intérieure. Comme l'argile et les matières terreuses font pâte quand elles ne sont pas suffisamment délayées, on fait arriver à la circonférence de la roue une lame d'eau qui jaillit par un conduit en fonte i. Ce conduit dépense par minute 1^{m3},26 d'eau de condensation. A 0^m,25 environ de la circonférence extérieure de la roue gg, se trouve un fond en bois interrompu dans un de ses points, où il présente un rebord incliné h. La toile métallique de cette roue a des mailles de 0^m,0016 de largeur. La partie inférieure est entourée d'un coursier en bois k qui reçoit tout ce qui traverse la maille.

Pendant le travail, le minerai fin venant du trommel séparateur descend le plan incliné t, t, et tombe sur le fond de bois g', g'; il s'accumule à la partie inférieure de la roue; là il est maintenu par les joues qui s'élèvent de $0^m,30$ au-dessus de la couronne intérieure en bois $g'g'$, et il est agité avec une partie de l'eau de lavage du trommel plein, qui arrive avec abondance par le plan incliné t. Lorsque la partie de la circonférence dans laquelle le fond en bois est interrompu passe par en bas dans la verticale, le minerai quitte la couronne $g'g'$ sur laquelle il glissait en vertu du mouvement de rotation de la roue et tombe sur la couronne extérieure en toile métallique $h'h'$. Il y adhère dans le premier moment et est entraîné avec elle; mais bientôt il rencontre la lame d'eau qui est lancée à travers la toile métallique par l'ouverture i, elle le débarrasse du schlamm qu'il retient encore quoiqu'en petite quantité, tandis que le frottement des morceaux les uns contre les autres et contre la toile métallique sur laquelle ils ressautent complète le lavage. Les choses continuent ainsi pendant un tour entier de la roue, jusqu'à ce que la cloison en tôle g'', qui sépare la couronne en bois de la couronne en toile métallique, vienne entraîner le minerai; cette cloison n'est pas perpendiculaire aux joues de la roue, elle est inclinée du côté du canal q, avec lequel elle se raccorde et dont l'une des faces forme le prolongement de la cloison. On conçoit que, par suite du mouvement de rotation de la roue, la cloison doit élever successivement le minerai qui, en vertu de sa pesanteur, ne tarde pas à glisser le long du canal q, et qui tombera même avant que la cloison ne soit arrivée au point culminant. Le minerai se rend ainsi dans la deuxième roue n, n. Tout ce qui a traversé la toile métallique h', h', se rend dans un coursier k dans lequel on peut régler à volonté l'écoulement au moyen d'une petite vanne; un cufant agite la matière dans l'eau afin de faciliter la séparation des parties métalliques de celles qui sont argileuses; un ouvrier qui remonte les matières à la pelle contre le cours de l'eau, détermine un classement en schlamms riches et en schlamms pauvres.

Le diamètre des deux dernières roues est de $1^m,25$; leurs mailles ont respectivement $0^m,0032$ et $0^m,0065$ d'espacement. Le minerai qui se rend dans la roue n, n est traité comme dans la première roue, si ce n'est qu'ayant déjà été débourbé, il n'est pas nécessaire d'employer un nouveau courant d'eau. Une cloison, disposée comme g'', oblige le minerai à glisser par le canal m' dans la troisième roue p,p. Par une disposition analogue dans l'intérieur de p,p, ce qui ne traverse pas la circonférence est rejeté par le canal m'' sur le sol de l'usine. On obtient ainsi trois numéros différents de minerai de criblage.

On voit que la première partie de cet appareil est analogue à la roue de séparation employée à Scharley pour la calamine. Cette dernière se composait de deux roues juxtaposées, tandis qu'ici les deux roues sont en quelque sorte concentriques. Cette disposition plus simple a l'avantage de diminuer le poids de l'ensemble.

TROMMEL HEXAGONAL.

On a fait encore usage, en Silésie, d'un débourbeur formé de deux trommels hexagonaux et concentriques ayant respectivement $0^m,40$ et $0^m,30$ de rayon. La figure 7 de la planche IV en donne une vue transversale. Leur longueur était de $1^m,09$. On peut laver à cet appareil 15 à 16me de minerai dans une journée. Voici comment on opère. Le minerai est introduit dans le trommel intérieur aaa formé de plaques de fonte présentant des ouvertures d'environ $0^m,02$ de côté. Ce qui s'échappe du trommel intérieur se rend dans le second trommel bbb, qui a ses pans formés par une toile métallique dont les mailles ont $0^m,0013$ de largeur; enfin ce qui peut traverser ce tamis tombe au fond de la caisse en bois $cc'c''$, dans laquelle tourne le trommel, et les parties métalliques se déposent dans le conduit dd à l'état de schlamms. Un courant d'eau est amené dans cette caisse par un tuyau en fonte, et l'écoulement est réglé de manière qu'il y ait dans la caisse $cc'c''$ de l'eau à peu près jusqu'à l'axe du trommel.

Lorsqu'on veut enlever du trommel les matières qui y sont restées, en pesant un peu sur le contre-poids p on sort l'appareil de l'eau, on ouvre la porte ee' et on fait tomber ainsi ce qui est entre les deux trommels. Une seconde porte gg' permet de retirer ce qui est resté dans le trommel intérieur. Les fragments ainsi débourbés sont classés dans des trommels à claire-voie ou triés à la main sur des tables.

On emploie quelquefois le trommel hexagonal pour laver le minerai sur le puits d'extraction même, ou lorsque la matière se trouve à une assez grande distance de la laverie. Dans ce cas, ou peut le mouvoir à bras d'homme.

TROMMEL DE CORPHALIE.

A Corphalie, la matière à débourber est un minerai de zinc et de plomb, renfermant la calamine, la blende blanche, la blende grise, la galène, la pyrite, la céruse et ayant pour gangue le calcaire, la dolomie et une argile plus ou moins tendre, plus ou moins plastique. Ce minerai est très-difficile à laver et le trommel employé à cet effet présente quelques dispositions particulières.

La figure 3 de la planche V montre l'appareil vu d'en haut. Il se compose de deux parties. Un trommel laveur porté par l'axe aa et un trommel classeur monté sur l'arbre bb. Ce dernier porte également une roue élévatrice ; il est mis en mouvement par une chaîne de transmission qui passe sur la poulie c',c' ; l'axe a,a tourne par l'intermédiaire d'une chaîne et de la poulie c,c ; la vitesse est de 18 à 20 tours par minute.

Le trommel laveur se compose d'une première partie A B dans laquelle vient s'engager la trémie de chargement T ; d'un tronc de cône B C, en forte tôle comme le précédent et dont la paroi intérieure est garnie d'une cloison hélicoïdale, entre les spires de laquelle sont fixés de forts clous en fer, destinés à augmenter les frottements et par conséquent à faciliter le débourbage. Le cône B C mesure 1ᵐ,50 de longueur, son diamètre en B est de 1ᵐ,45 et en C de 0ᵐ,85. La fig. 4 montre, à une échelle plus grande, la cloison hélicoïdale $h\,h$, faisant saillie de 0ᵐ,15 sur la paroi ss du trommel ; elle montre également les clous l, longs de 0ᵐ,06 à 0ᵐ,07, fixés aussi à cette paroi. A la suite du trommel conique débourbeur, est une partie cylindrique C D, de 0ᵐ,85 de diamètre, formée d'une tôle percée de trous de 0ᵐ,003 d'ouverture. Enfin, de D en E, sur une longueur de 0ᵐ,75, la surface cylindrique est formée de barreaux en fer espacés de 0ᵐ,013.

Le minerai chargé par la trémie T dans le trommel où arrive en même temps un fort courant d'eau, se débourbe dans son trajet de A en C et les parties fines

7

mises en suspension, s'échappent par la claire-voie C D qu'arrose extérieurement un filet d'eau; elles s'écoulent dans une conduite d, d, qui les mène à un blutoir cylindrique à eau, présentant trois mailles différentes, qui ont respectivement $0^m,004$; $0^m,002$ et $0^m,004$. Les sables des deux premières classes vont aux caissons allemands; ceux de la troisième, ainsi que les refus, vont aux cribles à dépôts. Les eaux boueuses qui viennent de ce blutoir sont reprises par des pompes pour le service de quatre spitzkasten, qui les distribuent sur des tables dormantes.

Les refus de la claire-voie D E tombent dans un canal incliné à secousses f, f, on les reprend pour les soumettre à un triage. Ce qui traverse D E se rend dans la roue élévatrice F par le plancher incliné g, g qui passe au-dessous de f, f. Cette roue mesure $2^m,50$ de diamètre; sa circonférence est formée d'une tôle criblée d'ouvertures de $0^m,002$, et arrosée extérieurement par des filets d'eau. Elle est construite dans des dispositions semblables à celles qui ont été décrites au sujet de la roue du trommel laveur de Scharley et de la roue de séparation de Tarnowitz. Tout ce qui traverse la tôle perforée se rend au blutoir à eau dont on a parlé. Deux fois dans chaque tour de roue, la matière débourbée est ramassée par des palettes fixées aux joues de la roue; ces palettes élèvent le minerai et le dirigent dans des canaux inclinés en planches par lesquels il tombe dans le trommel G K.

Le classeur cylindrique G K mesure $1^m,50$ de longueur et $0^m,65$ de diamètre; il est formé de cinq tôles perforées, G, H, I, J, K, dont les ouvertures ont respectivement $0^m,006$, $0^m,008$, $0^m,012$, $0^m,016$, $0^m,02$. Les cinq compartiments formés par ces tôles sont

séparés les uns des autres par des cloisons en bois qui
présentent en un point de leur circonférence une ouverture garnie d'une palette. Cette palette, par suite de
la rotation de l'appareil, ramasse à chaque tour les
fragments qui se trouvent dans son compartiment et
les élève jusqu'à ce qu'ils glissent, par l'ouverture de
la cloison de séparation, dans le compartiment voisin.
Là, ils subissent un nouveau classement pendant une
partie d'une révolution, jusqu'à ce que la palette de la
cloison suivante enlève les refus et les transmette de la
même manière que précédemment au compartiment
à la suite. Par cette disposition, le mélange des
fragments de minerai se meut sur chacune des tôles
perforées, pendant un temps convenable pour que le
classement suivant les grosseurs puisse s'effectuer.
Les fragments qui passent à travers les trous des tôles,
tombent dans des cases m, n, o, p, q, séparées par
cloisons; le fond de ces cases est en tôle perforée
semblable à celle de la roue de séparation, il est courbe
sous le classeur et en plan incliné sur le devant de
l'appareil; au bas sont des baquets qui reçoivent les
grenailles. Les grosses grenailles données par ce classeur, ainsi que les refus, vont au triage; les autres
catégories de grains passent séparément aux cribles à
secousses.

Le personnel employé à l'ensemble du trommel
débourbeur, du trommel classeur et du blutoir à eau,
se compose de 11 personnes : 2 chargeurs à l'entrée,
1 homme pour ramasser les sables du blutoir et 3 femmes
pour les transporter, 1 homme pour le transport des
fragments au triage, 1 gamin pour enlever les refus
de la grille, 2 pour l'enlèvement des grenailles, 1 pour
vider les caisses.

En un poste de 10 heures, on passe 28 mètres cubes pesant environ 45.000 kil. La dépense d'eau, dans le même temps, peut s'élever à 225 mètres cubes. La force motrice employée peut être évaluée à 3 ou 4 chevaux-vapeur.

SYSTÈME DE TROMMELS DU HARZ.

Pendant longtemps, le débourbage et le classement se sont faits au Harz au moyen des Rætter ou tamis à secousses. Ces appareils présentent des inconvénients sensibles que nous avons énumérés. Les trommels employés aux mêmes fins dans beaucoup de localités avaient été rejetés au Harz, il y a de nombreuses années déjà, après des essais exécutés dans de mauvaises conditions. Aujourd'hui, on y est revenu, et, bien qu'un grand nombre de Rætter fonctionnent encore, on peut présager qu'ils disparaîtront peu à peu.

Plusieurs trommels laveurs ont déjà remplacé les Rætter. On les rencontre disposés dans plusieurs ateliers au-dessous d'un Rætter séparateur, formant ainsi un système hybride. Il existe également des combinaisons de trommels classeurs. Parmi ces essais de dispositions diverses, nous décrirons un ensemble de laveur et de classeurs présentant quelque nouveauté et dont le service a fait décider la construction d'un système analogue pour le classement des produits du broyage aux cylindres.

On traite à cet appareil (1) la menuaille de la mine et des cassages. L'ensemble représenté planche VI, en vue latérale par la fig. 1 et en plan par la fig. 2, se compose d'un trommel laveur et classeur et de quatre

(1) Revue universelle des Mines, t. 2, p. 500.

trommels classeurs. Le trommel laveur est hexagonal ;
le diamètre du cercle circonscrit mesure 40 pouces
(0ᵐ,96). Son axe $a\,b$ est incliné de 1/2 pouce par pied,
soit 1/24, vers une table de triage T. Il est formé de
quatre rangées de plaques en fonte percées de trous.
Les trous des trois premières rangées sont de 0ᵐ,02 ;
ils règnent sur une longueur de 54 pouces (1ᵐ,30),
de c en d ; les trous du dernier anneau de plaques, de
d en e, sur une longueur de 18 pouces (0ᵐ,43), ont
0ᵐ,03 de diamètre. Sous ce trommel se trouve disposée
une auge, inclinée dans le même sens que l'axe. Cette
auge est divisée par une cloison c', c' en deux compartiments qui correspondent réciproquement aux deux
séries de trous des plaques. La partie de l'auge qui
correspond aux plaques de c en d est inclinée d'environ
un pied sur 4 1/2 ; elle communique à son extrémité
inférieure, au moyen d'un canal incliné en tôle $f\,g$, avec
le premier trommel classeur inférieur A. La seconde
partie de l'auge s'incline vers un chenal en bois h, h.
Le trommel est arrosé sur toute sa longueur par l'eau
d'un canal K', lequel est percé de trous et de fentes ;
d'autre part, le conduit K amène un courant d'eau dans
l'auge qui entoure ce trommel. Les axes des quatre
trommels classeurs sont fixés à deux madriers inclinés
N, N ; ils portent chacun une roue d'engrenage. Ces
roues ne forment qu'un même système qui est mis en
mouvement par l'intermédiaire d'une courroie qui relie
l'arbre moteur et la poulie l fixée sur l'axe du trommel A.
Les quatre trommels classeurs A, B, C, D ont 5 pieds
(1ᵐ,44) de longueur et 18 pouces (0ᵐ,43) de diamètre ;
leur axe est incliné de 3/8 de pouce par pied (0ᵐ,009
par 0ᵐ,288) vers des chenaux m, n, o, p qui servent à
conduire les refus dans les cases E, F, G, H. Les auges

de ces trommels sont inclinées en sens inverse des axes et de 1 1/2 pouce par pied ($0^m,036$ par $0^m,288$); à leur extrémité inférieure, elles se relient avec des canaux courbes et inclinés q, r et s, lesquels conduisent la matière qui descend la pente d'une auge, dans l'intérieur du trommel immédiatement au-dessous. Quant au dernier trommel D, ses refus viennent en H, et la matière de l'auge s'écoule par le canal incliné t, t.

La surface du trommel A est formée d'une maille de 5/8 de pouce ($0^m,015$); la maille du trommel B est de 3/8 de pouce ($0^m,009$); celle du trommel C de 3/16 de pouce ($0^m,0045$) et celle du trommel D de 1/2 ligne ($0^m,001$). Pour éviter qu'elles ne s'encrassent, on a disposé tout le long de ces mailles, et un peu au-dessus, des tuyaux horizontaux v, v, v, de $0^m,05$ de diamètre et qui sont alimentés pendant tout le travail par des réservoirs K ou K' placés à une certaine hauteur; les toiles métalliques se trouvent ainsi constamment lavées par des jets assez énergiques. D'autre part, de petits tuyaux de $0^m,03$ de diamètre, venant des mêmes sources, débouchent à la partie la plus élevée de chaque auge et donnent une eau qui facilite la circulation des matières dans les auges.

Le grand trommel laveur qui porte en b une poulie pour la transmission du mouvement, qu'on a cru inutile de figurer dans la planche, fait en bonne marche de 16 à 18 tours par minute; les autres trommels font de 14 à 16 tours. On combinerait convenablement le mouvement en diminuant la vitesse de rotation à mesure que la maille devient plus fine.

La menuaille à laver et à classer est déposée sur un plancher au-dessus des trommels, pour être chargée à la pelle dans le canal incliné L qui la mène au trommel

laveur. Les refus tombent sur la table de triage T.
Cette table est formée de plaques en fonte percées
d'ouvertures carrées de 5/4 de pouce (0^m,03) de côté;
ce qui reste dessus subit un scheidage ordinaire. Ce
qui a passé par les trous de 0^m,03 du trommel descend
par le canal incliné et fermé h, h, et va se déposer dans
la case M. Ce qui a traversé les trous de 0m,02, ce qui
se trouve par conséquent dans la première partie de
l'auge, est entraîné par le courant d'eau dans le canal
incliné et courbe fg et se rend dans le trommel A qui
donne un refus et une partie admise par la maille. Cette
partie, qui dans l'auge est constamment entraînée par
le courant d'eau, s'en va par le canal courbe et incliné q, q dans le trommel suivant, et ainsi de suite
jusqu'à ce qu'enfin les matières fines qui traversent
la maille du dernier trommel D soient conduites par
le canal t, t dans un labyrinthe.

Cet appareil donne donc huit classes :

1° Les morceaux à scheider sur la table de triage;

2° Les fragments qui traversent cette table;

3° Les fragments qui traversent les grandes ouvertures du trommel laveur;

4° Les refus du trommel A ;

5° Les refus du trommel B ;

6° Les refus du trommel C ;

7° Les refus du trommel D ;

8° Les parties fines qui ont passé par toutes les
mailles.

Le service se fait par deux ouvriers : l'un charge le
minerai, l'autre veille à dégager les canaux inclinés
par où tombent les refus; il veille encore à tous les
autres soins. La quantité de matière traitée doit varier
nécessairement avec l'état de cette matière. Plus il y

aura de menu, moins il faudra passer à la fois si l'on veut éviter l'encrassement des mailles. En bonne marche, avec un minerai moyen, on peut laver et classer à cet appareil 2 1/2 treiben, soit 16 mètres cubes environ en 12 heures. La quantité d'eau employée est considérable; il faut la porter au moins à 35 pieds cubes ($0^m,836$) par minute. Au demeurant, l'importance de ce défaut n'a sa mesure que dans les circonstances locales; néanmoins on pourrait diminuer notablement la quantité d'eau en inclinant davantage les trommels et les auges. On peut remarquer que le cube de minerai classé n'est pas bien considérable; il faut constater à ce sujet les circonstances particulières du classement. On ajoute une grande importance, au Harz, à un très-bon classement des fragments et des grenailles suivant les grosseurs, et cela en vue du setzage. En adoptant les trommels, on pouvait les employer de deux manières, soit dans la disposition la plus généralement usitée et qui consiste à faire passer le mélange des grains à classer, d'abord par la partie du trommel qui présente les ouvertures les plus petites, puis successivement par des parties qui offrent des ouvertures plus grandes, soit, en second lieu, dans la disposition inverse par laquelle la matière se trouve d'abord en présence des plus grands trous et successivement en présence de trous de plus en plus petits. Il était naturellement dans les idées qui règnent au Harz de chercher la disposition qui amène le classement le plus régulier, le plus uniforme, en ne se préoccupant que subsidiairement de la quantité qu'on y pouvait passer, de la quantité d'eau consommée et du matériel employé. Si l'on met de côté ces considérations, nous ne pen-

sons pas qu'on puisse hésiter à estimer que le système
du Harz donne de meilleurs résultats que les systèmes
ordinaires et précédemment décrits. En effet, dans
ces derniers, le classement des fines grenailles doit
s'effectuer au début du travail, c'est-à-dire quand la
masse des grains de toutes dimensions se trouve la
plus considérable; mais, dans de telles conditions, une
partie des petits grains peut aisément être entraînée
entre les morceaux plus gros et qui se trouvent en
proportion relativement grande; ceux-ci, en se po-
sant sur la maille, gênent la sortie des grains fins,
qui, par suite, peuvent être déclassés. Dans la disposition du Harz, au contraire, à chaque classement
partiel, ce sont les plus gros fragments qui s'en vont,
et le volume de la masse de matière se trouve chaque
fois d'autant plus réduit que le classement à effectuer
s'applique à des grains plus fins. Or, c'est là, à n'en
pas douter, une circonstance très-favorable à la régularité des séparations. Cette grande régularité obtenue
aux trommels a permis de faire passer au setzage des
grains fins, qu'antérieurement on travaillait aux caissons allemands ou au Planheerd.

CHAPITRE CINQUIÈME.

DIVISION MÉCANIQUE DES MINERAIS.

On vient de voir que dans la plupart des lavoirs, le
débourbage que subit le menu de mine est suivi d'un
classement des fragments suivant les grosseurs. Les
grenailles fournies par ce classement, pourront passer

directement au setzage et les parties fines aux tables de
lavage. Mais les fragments d'un certain volume que le
débourbage a rendu reconnaissables, sont l'objet d'un
triage qui donne du bon minerai de plusieurs catégories,
et des catégories dans lesquelles les minerais et les
gangues se trouvent associés de toutes les façons. Le
cassage des blocs et le triage des fragments fournissent des produits semblables. Les matières s'y présentent sous la forme de bandes ou de rubans, de grains
plus ou moins gros, ou bien encore mêlées plus ou
moins intimement. Pour arriver à les séparer, il faut
leur faire subir un broyage qui isolera en partie, en les
réduisant en grenailles ou en sables, les matières de
nature différente : ces grenailles et ces sables seront
ensuite classés, puis la matière de chaque classe divisée suivant la densité des parties qui la composent.
Ce sont les appareils de broyage que nous avons actuellement à passer en revue.

En principe général, le broyage doit toujours se faire
en grains aussi gros que possible, en prenant pour
base de leur calibre, la manière dont le minerai se
trouve engagé dans la gangue. La raison de ce principe
réside dans cette circonstance, que le minerai utile est
ordinairement bien plus disposé à se réduire en parties
fines que ne l'est la gangue : il est, comme disent nos
ouvriers, *todi pu sclattreu qui l'pîre.* C'est en vertu de
cette tendance plus grande du bon minerai à se diviser,
que le fin qui traverse les cribles les plus serrés, dans
les appareils de débourbage, est aussi le plus riche
en minerai utile.

Partant de là, le meilleur mode de division mécanique serait le concassage opéré à l'aide du marteau
à main, attendu que c'est celui où l'on évite le plus ai-

sément l'inconvénient d'une division trop grande. Mais ce procédé entraîne une main-d'œuvre si considérable, une si grande perte de temps, qu'on ne l'emploie que dans les cas de nécessité absolue.

Le grainage sous les bocards à sec s'opère à peu près comme le bocardage à sec auquel on soumet les minerais purs, avant de les livrer aux usines. La différence est que dans le premier cas on laisse la matière moins longtemps sous les pilons que dans le second, afin d'obtenir des grains plus gros. Le produit du grainage est ensuite classé sur des claies ou sur tout autre espèce de crible classeur. Un classement soigné est d'autant plus nécessaire ici que le bocard à sec laisse beaucoup à désirer, quant à l'uniformité de grosseur des produits qu'il fournit.

Le concassage est quelquefois effectué au moyen d'un gros marteau, ordinairement un marteau à bascule. Mais cet appareil, qui peut convenir pour pulvériser du minerai destiné à l'usine, est encore moins convenable que le bocard à sec pour ébaucher le grainage de la mine à setzer.

Le bocardage à l'eau pour le traitement des minerais bruts qui ne sont plus propres à passer au scheidage, peut être employé pour la production des grenailles de setzage, mais il l'est surtout pour le broyage en sables, destinés au travail des laveries. Nous décrirons plus loin ces opérations.

Dans quelques localités on s'est servi de moulins pour la trituration des minerais bruts, qui dans ce cas, doivent être préalablement amenés à un certain état de division. On emploie fréquemment deux moulins, l'un pour les gros grains à setzer, l'autre pour les grains fins, on évite ainsi de changer souvent la position de la meule tournante. Ces moulins présentent les mêmes dispositions que les moulins ordinaires, c'est-à-dire que la meule inférieure, la meule gisante, est fixe et que la meule supérieure, la meule volante, reçoit un mouvement de rotation à l'aide d'un arbre vertical, dit *gros fer*, qui traverse la meule dormante au centre, dans un *boitard* en fonte scellé dans cette meule. Le gros fer porte, au-dessous de la meule dormante, une lanterne qui reçoit son mouvement d'une roue dentée, montée sur l'arbre moteur. Le pivot du gros fer tourne dans une crapaudine que l'on peut soulever plus ou moins à l'aide d'un levier ou d'une vis, afin de relever la meule tournante. Les pierres ou meules se trouvent dans une enveloppe en bois, l'*archure*, offrant en haut une ouverture par laquelle on introduit les matières à broyer, et en bas une autre ouverture par laquelle se dégagent les matières grainées. Un conduit mène ensuite le produit sur un appareil classeur. Pendant la mouture, un courant d'eau circule entre les meules avec le minerai à écraser.

Les moulins ne conviennent pas lorsque les gangues sont dures et tenaces ; ils ont, de même que les bocards à sec, le défaut d'effectuer un travail inégal en ce sens que certaines matières sont réduites à l'état de schlamm, lorsque d'autres n'ont pas encore atteint le degré de division auquel on cherche à les amener.

Les moulins en forme de manège à roues, c'est-à-dire dans lesquels deux ou un plus grand nombre de meules, posées de champ, tournent autour de leur axe à la manière des roues de voitures, en décrivant, autour d'un axe vertical, des cercles sur une meule dormante placée horizontalement, conviennent moins encore que les précédents lorsqu'il s'agit de grainer le minerai pour le setzage; mais on les emploie pour obtenir une pulvérisation complète. Dans ces sortes de moulins, on étale la matière à écraser sur la meule dormante, tandis que des espèces de pelles nommées *servantes*, rattachées d'une manière quelconque à l'axe des meules tournantes, ramènent continuellement le minerai dans la voie des broyeurs.

On a employé aussi des moulins assez semblables aux précédents et dans lesquels les meules volantes tournent sans rouler autour d'un arbre vertical. On s'en sert en Amérique pour réduire en poudre très-fine les minerais d'argent que l'on veut traiter par amalgamation.

Les moulins à roues sont surtout employés chez nous pour pulvériser les minerais : ainsi l'on fait de la cala-mine grillée dans la méthode belge du travail du zinc. Nous décrirons plus loin un appareil de ce genre.

Les machines les plus convenables pour opérer le grainage du minerai à setzer sont les cylindres broyeurs. Ces machines consistent en deux cylindres en fonte ou en acier placés parallèlement et dont les tourillons tournent dans un même plan horizontal. La grosseur des grenailles à obtenir se détermine assez bien par l'écartement des cylindres. Ici pas plus que dans les autres broyeurs, on ne peut empêcher que le minerai utile, presqu'invariablement plus fragile que la gangue, n'y fasse aussi proportionnellement plus de menu, mais cet inconvénient y est notablement moins marqué que dans les bocards et les moulins. On a quelquefois fait arriver un courant d'eau entre les cylindres pendant le broyage, afin d'éviter la formation des poussières et le déchet qui en est la suite. La séparation des gre-nailles en diverses grosseurs, s'effectue par des classeurs différemment disposés et placés au-dessous des cylindres.

Lorsque les matières à écraser se présentent en fragments de grosseur très-variable, on emploie deux et même trois paires de cylindres. Les matières broyées en partie par une paire de cylindres supérieurs qui, en Angleterre, sont souvent des cylindres cannelés, tombent sur une seconde paire qui achève le broyage. D'autres fois, au sortir des cylindres supérieurs qui sont les plus écartés, le minerai tombe sur le sommet d'un angle formé par deux plans inclinés qui le distribuent à deux paires de cylindres dont l'écartement est déterminé par la grosseur du grain que l'on veut obtenir. Quelquefois les matières qui sortent du premier broyeur au lieu de tomber sur le sommet de deux plans inclinés réunis, sont reçues sur un crible mobile. Tout ce qui traverse ce crible a atteint le calibre voulu, tandis que les refus seulement sont livrés au broyeur inférieur; celui-ci peut être muni lui-même d'un crible dont les refus sont de nouveau passés aux cylindres.

Nous entrerons dans quelques détails sur les broyeurs les plus répandus.

BOCARD.

Un bocard est ordinairement composé de trois batteries de trois pilons chacune. Les fig. 1, 2 et 3, pl. VII, représentent un appareil de ce genre en vue longitudinale, en plan et en coupe transversale. On construit également des batteries de quatre et de cinq pilons.

Les pilons, p,p,p, fig. 1, 3 et 4 sont composés d'une flèche en bois et d'un sabot en fonte blanche très-dure, ils mesurent de $3^m,70$ à 4^m de longueur. La flèche en sapin, en hêtre ou en chêne a de $0^m,14$ à $0^m,20$ d'équarrissage ; le sabot a de 0ᵐ,15 à 0ᵐ,20 d'équarrissage sur 0ᵐ,20 de hauteur, il s'insère dans la flèche au moyen d'une queue de forme pyramidale que l'on fixe solidement à l'aide de coins et de deux bonnes frettes. Chaque pilon porte un mentonnet m par lequel les cames de l'arbre moteur A viendront le soulever. Ces cames sont en développantes de cercle ; on les fait en bois très-dur ou en fonte ; on les dispose sur l'arbre en spirale de manière que l'effort à faire par le moteur soit constant. Pour chaque flèche, l'arbre moteur porte de 3 à 6 cames selon la vitesse de rotation et de manière à faire battre de 40 à 70 coups par minute à chaque pilon. Les mentonnets sont en bois ou en fonte ; on en a fait en forme de manchon pouvant se mouvoir le long de la flèche à laquelle on les fixe au moyen de coins, par cette disposition on n'entaille pas la flèche, voir fig. 4. Le poids du sabot en fonte varie de 50 à 75 kil., il en est de même de la flèche, de sorte que le poids total du pilon peut généralement être compris entre 100 et 150 kil. ; il en existe néanmoins de plus légers. Le poids du pilon se combine, pour l'effet à produire, avec sa levée, qui varie de 0ᵐ,15 à 0ᵐ,25 et qui a été portée jusqu'à 0ᵐ,35 pour des pilons légers.

Les pilons sont guidés dans leur mouvement vertical par des prisons formées des pièces horizontales a, a, fixées aux montants du bocard soit par des coins, soit par des boulons, et des chevilles en bois b, b, placées entre les flèches. L'écartement des pilons est tout au plus de 0ᵐ,02 à 0ᵐ,03, les prisons ne leur laissent que l'espace nécessaire à leur mouvement. Les parties frottantes des pièces a, a sont garnies de tôle, qu'on graisse de temps à autre. D'autres fois le guidage a été plus soigné ; ainsi au Harz, on a fixé aux traverses en bois *aa* des pièces en fonte, présentant en saillie des demi-cylindres, lequels s'engagent dans des pièces creuses également en fonte, fixées dans les flèches des pilons.

L'auge dans laquelle viennent battre ces broyeurs est formée de solides pièces de bois; la sole est en quartz pilé et damé fortement, fig. 4; on la fait aussi de deux pièces de fonte superposées, *n*, *n*, fig. 1 et 3, d'au moins 0^m,07 d'épaisseur.

Nous examinerons plusieurs dispositions de l'auge selon le concassage qu'on y veut effectuer.

Lorsqu'on bocarde à sec du minerai pour le réduire en grains d'une certaine grosseur, la sole de l'auge est horizontale et une paroi longitudinale manque. L'ouvrier jette à la pelle la matière sous les pilons. Lorsque le concassage est assez avancé, il ramasse la matière dans l'auge et la jette sur un crible incliné dont la maille présente un espacement convenable; les refus de cette grille retournent à l'auge. Dans quelques localités on bocarde ainsi le minerai bon à fondre, pour faire des mélanges selon les richesses et régulariser le traitement métallurgique. S'il s'agissait de broyer un minerai pour la préparation mécanique, le bocardage à sec donnerait beaucoup de schlamms dont la formation correspond toujours, comme on sait, à une perte. Il est préférable de broyer alors dans un courant d'eau qui entraîne incessamment la matière dès qu'elle a atteint le degré de trituration désiré.

Dans le bocardage à l'eau, une des parois de l'auge est remplacée par une grille qui est la voie d'issue du minerai broyé. Plusieurs dispositions ont été adoptées selon le degré de grosseur qu'on veut donner au sable, résultat de l'opération. Pour le bocardage en grosses grenailles qui peuvent avoir jusqu'à $0^m,01$, on place à la poitrine de l'auge, au niveau de la sole, fig. 2 et 3, une grille *l,l*, composée de barreaux verticaux ; pour des grenailles plus petites on peut remplacer la grille par une toile métallique. L'expérience a démontré que les ouvertures de ces cribles devaient avoir des dimensions à peu près doubles de celles des grains qu'on cherche à obtenir. Lorsque la grille est à la poitrine, l'eau arrive quelquefois dans l'auge par un déversoir qui règne sur toute sa longueur, cette eau entraîne à travers la grille le minerai concassé et le conduit vers les appareils qui doivent le classer.

Lorsqu'on bocarde en grenailles fines, la poitrine de l'auge est fermée, la sole est inclinée comme l'indique, pour deux auges, la fig. 1, et monte vers le crible *r* qui sert d'issue et qui se trouve former un des petits côtés. L'eau arrive par l'extrémité opposée, elle entraîne le minerai successivement sous les trois pilons jusqu'à la grille de sortie. Les grains trop gros pour être admis par cette grille retombent sous les broyeurs. On peut conserver cette disposition pour les broyages en sables fins. Cependant les toiles métalliques serrées sont sujettes à s'encrasser, elles demandent des nettoyages assez fréquents, aussi a-t-on cherché à les remplacer pour les bocardages fins. Voici une disposition adoptée en Hongrie (1). Le minerai broyé est entraîné par la fente *t*, figures 4 et 5, qui règne sur toute la longueur de l'auge ; il s'écoule ensuite par le plan incliné *i, i'* dans la conduite *x*. La fente *t* peut être agrandie ou diminuée par le mouvement du plateau supérieur, lequel est à coulisses.

(1) *Annales des Mines,* 4ᵉ s., t. X, p. 603.

Au Harz, on a pris une autre disposition (1). On a adapté aux deux extrémités de l'auge un sytème de chicane représenté dans la figure 7. La cloison verticale ab est à 0ᵐ,05 de la tête du pilon ; elle laisse entre sa partie inférieure et le fond de l'auge une distance de 0ᵐ,12. C'est par là que sort l'eau chargée des schlamms ; elle doit circuler, ainsi que l'indiquent les flèches, dans le zig-zag que forment les deux lames de tôle c,c, pour arriver à l'orifice de sortie O. Cette chicane a pour but d'empêcher les gros grains de sable de sortir dans le courant. Lorsque ces grains sont accidentellement entraînés, ils s'arrêtent dans la route brisée et redescendent ensuite sur un plan incliné qui les ramène sous les pilons. Cette disposition paraît remplacer avec avantage les grilles très-fines.

Le minerai peut être chargé dans l'auge à la pelle, ou bien, il y tombe d'une caisse, figure 3, à fond incliné qui reçoit un mouvement saccadé de l'arbre à cames. En Saxe, en Hongrie, au Harz, on a placé devant chaque batterie une caisse mobile sur un axe et qui reçoit son mouvement du pilon du milieu, de sorte que le minerai ne tombe dans l'auge que lorsqu'elle n'en contient plus assez. Ces appareils ont à très-peu de chose près les mêmes dispositions ; nous décrirons d'abord celui du Harz.

Sur un pied bien établi p,p,p, figure 6, se trouve posée une caisse en bois A, A, inclinée, en forme de trémie, mobile sur l'axe en fer d et pouvant reposer par sa partie supérieure sur le support s. L'extrémité inférieure vient se placer un peu au-dessus de la paroi de l'auge du bocard, qui a été entaillée en biseau.

---

(1) *Revue universelle des Mines*, t. II, p. 487.

Le long de la caisse-trémic et au-dessus est fixée une
pièce de bois *i,i*, qui se prolonge au-dehors. L'extrémité de cette barre, lorsque l'appareil est en service,
vient se placer au-dessous d'une patte en fonte en saillie
f, que porte la flèche du bocard. La distance de ces
deux pièces, destinées à se rejoindre, est ménagée de
manière que tant qu'il y a une hauteur suffisante de
minerai dans l'auge, la patte *f* ne descend pas jusqu'à
la barre *i,i*, de l'appareil ; appareil que nous dénom-
merons *valet de bocard*, à cause de sa fonction. Mais
lorsque la couche de matière diminue dans l'auge, le
pilon descend nécessairement plus bas, et finit par
venir imprimer un choc à la barre du valet. La caisse,
qui a été chargée de minerai, bascule alors sur l'axe *d*;
puis, à la levée du pilon, elle retombe brusquement
sur l'appui *s*. Cette secousse détermine la chute du
minerai dans l'auge et se répète tant que la masse a
broyer n'y est pas suffisante. Le valet reste ensuite
inactif, jusqu'à ce qu'un besoin nouveau lui fasse re-
prendre son service. La figure 6 représente le pilon
sur la sole et la position correspondante de la caisse.
Pour éviter la descente d'une trop grande quantité ou
de trop gros morceaux de minerai, on peut disposer
une planche *g,g*, qui règlera plus ou moins la descente
du minerai. Par l'aide de cet appareil, le travail est
plus régulier et la masse broyée par conséquent plus
grande, tandis que la main-d'œuvre se réduit à charger
de temps à autre la matière à bocarder.

La figure 4 montre la disposition adoptée en Hongrie
et qu'on rencontre également dans les environs de
Freiberg. La grande caisse C reçoit le minerai à bocarder tel qu'il vient de la mine : la partie inférieure de
la face de cette caisse qui regarde le bocard, présente

une ouverture dont on peut faire varier la grandeur au moyen d'un tiroir. Au-dessous de cette ouverture se trouve le canal incliné k, mobile sur des tourillons en h. Lorsque le minerai fait défaut dans l'auge, une pièce saillante fixée en pilon vient frapper le canal k qui, lui-même, va buter par son extrémité opposée sur le fond de la caisse G et détermine des chocs qui font descendre le minerai jusque dans l'auge.

Il est fort difficile de fixer la quantité de minerai que peut broyer un pilon dans un temps donné, elle dépend de circonstances trop nombreuses et trop variables; aussi les chiffres enregistrés pour des cas particuliers présentent-ils des écarts extrêmement considérables. Il faut ranger parmi les causes qui influent sur le résultat, la dureté plus ou moins grande des gangues, le poids et la levée du pilon, le mouvement de la machine, la quantité d'eau dépensée, le degré de trituration obtenu, la disposition de la voie de sortie du minerai broyé, etc.

Pour se trouver dans de bonnes conditions, il faut que la quantité d'eau qui afflue dans l'auge soit assez considérable pour entraîner les grenailles aussitôt qu'elles ont atteint le volume qui leur permet de passer par la voie de sortie; c'est assez dire qu'elle devra être d'autant plus grande qu'il s'agira d'obtenir des grains plus gros. On voit donc que les circonstances locales, la quantité d'eau dont on dispose, peuvent modifier le travail d'un bocard. On préfère généralement employer des pilons moins lourds lorsqu'on bocarde plus fin.

On jugera des notables variations que présentent les chiffres de quelques résultats spéciaux, par les exemples suivants. Pour un bocardage gros de minerais à gangues tendres, barytiques ou calcaires, les barreaux de la grille présentant un écartement de $0^m,012$, les pilons pesant 150 kil., leur levée étant de $0^m.17$ à $0^m,19$, le nombre de coups d'environ 48 par minute, la dépense d'eau étant de $0^{mc},287$ à $0^{mc},358$ par minute, M. Rivot porte à un maximum de 1176 kil., et à une moyenne de 980 kil. la quantité de minerai broyée au Harz par une batterie et en une heure. Dans les mêmes conditions, on broierait environ 780 kil. de minerai à gangue de quartz et de grauwacke. Dans le bocardage fin, avec une grille de $0^m,002$ et une consommation d'eau de $0^{mc},120$ par minute, une batterie peut écraser par heure 588 kil. de sables et de fines grenailles. Pour le bocardage très-fin, avec une consommation de $0^{mc},096$ d'eau par minute on broie 392 kil. de grenailles par heure.

En Hongrie, où la matière bocardée fin sort par l'espèce de siphon que nous avons décrit, où les pilons sont généralement plus légers mais avec une levée plus grande, où l'on ne consomme qu'une quantité d'eau relativement faible et que M. Pache fixe à $0^{mc},107$ par minute pour 9 pilons, on ne bocarde que 392 kil. par pilon et par 24 heures. C'est huit fois moins que dans le dernier bocardage du Harz, mais il ne faut pas perdre de vue qu'au Harz, on emploie trois fois plus d'eau et que ce bocardage s'applique à des grenailles et à des sables, tandis qu'en Hongrie, il s'applique au minerai brut cassé en morceaux de la grosseur du poing.

CYLINDRES BROYEURS.

Les cylindres sont des broyeurs qui fournissent plus aisément des grenailles que les bocards, ils font moins de farine minérale que ceux-ci et par conséquent occasionnent moins de perte dans les opérations du lavage.

Les deux cylindres qui constituent un système de cylindres broyeurs sont en fonte et coulés en coquille, ou bien en acier fondu. On trouve avantage à les former d'un manchon qui se chausse sur un axe carré en fer, par cette disposition on peut renouveller aisément la partie qui s'use. Ils sont placés parallèlement, fig. 1, 2 et 3 pl. VIII et reposent sur des coussinets portés par deux pièces en fonte solidement établies sur des traverses. Un des cylindres, A, garde une position invariable, il est seulement mobile autour de son axe; le second cylindre A', au contraire, doit pouvoir s'écarter du premier lorsqu'un morceau de minerai très-gros ou très-dur s'engage entre eux, il doit de plus s'en rapprocher lorsque ce fragment a passé au-delà; de cette manière, ces accidents ne causent pas de dommage à l'appareil. On obtient ce résultat par les dispositions suivantes. On place entre les coussinets des deux cylindres une cale en fonte, elle détermine l'intervalle qui les séparera, elle doit donc être choisie d'après la nature du minerai et elle sera telle que l'écartement des cylindres soit selon la dimension des grenailles qu'on veut obtenir. Le coussinet du cylindre mobile vient s'appuyer sur cette cale, mais n'y est maintenu que par l'action de leviers coudés chargés de contre-poids p,p. Si un corps très-dur se présente entre les cylindres, la partie mobile s'écarte, laisse passer ce corps et les contre-poids la ramènent ensuite à l'écartement voulu. Les contre-poids doivent être réglés de manière à avoir d'autant plus d'action que le minerai à broyer est plus dur.

Un désavantage des contre-poids, c'est de ramener

le cylindre mobile à la position convenable par une vive
secousse On a cherché a remplacer cette disposition
par de forts ressorts placés derrière le coussinet mobile. Ainsi, à Corphalie, on emploie des ressorts formés
de lames d'acier juxtaposées, placées verticalement
et semblables à celles dont on fait usage dans la construction des voitures.

M. Lucien Renard a appliqué aux cylindres de l'usine
de Membach une disposition aussi simple qu'efficace.
Elle consiste en ressorts en planches, figures 4 et 5,
variables d'essence et d'épaisseur, ce qui permet d'en
modifier la flexibilité suivant la qualité des minerais.
Ces planches sont juxtaposées et emboîtées dans un
sabot en fonte qui, fortement boulonné sur une semelle
de la charpente, en maintient fixe l'extrémité inférieure.
L'extrémité supérieure presse contre l'armature du
cylindre mobile et un étrier à vis de rappel, fixé à la
charpente et destiné à écarter ou à rapprocher le fais-
ceau de planches, détermine la grandeur de l'espace
libre entre les deux cylindres et conséquemment la
grosseur des grains. Cette disposition atteint fort bien
le but, elle est d'un entretien facile et peu coûteux.

Les dimensions des cylindres varient suivant les
localités. Au Harz, ils ont $0^m,36$ de diamètre et $0^m,43$
de longueur. En Angleterre, on en a construit de 0^m45
de diamètre ; la vitesse est ordinairement de 15 tours
par minutes. A Corphalie, ils ont jusqu'à $0^m,60$ et $0^m,85$,
leur vitesse est de 18 à 20 tours. Les cylindres de
grand diamètre ont l'avantage de donner des grenailles
plus régulières et moins de matières fines. Les cylindres
destinés à faire des schlamms sont de petit rayon ; ils
peuvent n'avoir que $0^m,15$ de diamètre, leur vitesse est
très-grande et atteint 150 à 200 tours par minute ; on

donne encore à l'un de ces cylindres à schlamms outre son mouvement de rotation autour de son axe, un mouvement alternatif de va-et-vient dans le sens de son axe, dans le but d'opérer une sorte de trituration de la matière.

La durée des broyeurs est fort variable puisqu'elle dépend nécessairement de la dureté du minerai à broyer, ainsi que du diamètre et de la vitesse.

L'alimentation se fait par une trémie placée au-dessus des cylindres et dans laquelle on jette le minerai à la pelle. Après avoir été broyé, le minerai en grenailles tombe dans un classeur placé immédiatement au-dessous, et qui, selon les localités sera un rætter, un trommel incliné à plusieurs mailles de différentes ouvertures ou bien un système de trommels comme on en a établi récemment au Harz et semblable à celui qui a été décrit page 100 et suivantes. Les refus du classeur qui sont des fragments insuffisamment broyés, sont dirigés dans les augets d'une roue élévatrice ou d'une chaîne à godets et reportés par cet appareil au plancher supérieur pour passer de nouveau au broyeur.

Pendant le broyage on a quelquefois arrosé les cylindres d'eau, pour éviter leur échauffement et abattre la poussière. Mais cette poussière et les sables se fixent alors aux fragments et on diminue ainsi la valeur du classement suivant les grosseurs.

La quantité de produits fournis par une paire de cylindres varie selon leurs dimensions, la force motrice qui y est appliquée et la nature du minerai. Au Harz, dans des conditions moyennes, on passe facilement 6^{mc}, soit 10.000 kil. par dix heures.

Partout aujourd'hui les cylindres broyeurs sont préférés aux bocards. Les avantages qu'ils présentent sur ces derniers résident dans leur construction même ainsi que dans leur jeu ; d'autre part, ils fournissent moins de menu, car aussitôt que le minerai a atteint le calibre voulu il est définitivement soustrait à toute action du broyeur ; de cette circonstance qu'ils donnent moins de matière pour les laveries, il résulte que la perte en minerai utile est moins considérable ; enfin, ils travaillent davantage. Cependant, dans certains cas, les bocards rendront de bons services et feront un travail économique : ainsi, lorsque les gangues seront très-dures et entraîneraient une détérioration rapide des cylindres ; lorsque le minerai sera pauvre et devra être broyé fin ; lorsque sous le choc des pilons, une des matières à séparer se conduira différemment que les autres, par exemple, en se réduisant aisément en poudre.

MEULES BROYEUSES.

Les meules sont employées au broyage fin préparatoire au grillage ou au traitement métallurgique de quelques minerais.

Les figures 6, 7 et 8 de la planche VIII représentent le moulin à meules volantes tournant sur champ, établi dans l'usine de Prayon, près de Liége. Cet appareil, outre les agencements ordinaires, montre une disposition automatique qui trie le produit du broyage et enlève la matière convenablement divisée.

Cette machine se compose d'une table circulaire en fonte T, T, de $2^m,70$ de diamètre, établie sur un massif en maçonnerie et présentant à son pourtour un rebord incliné de $0^m,20$ de hauteur. Au centre de cette table est un arbre vertical A, A dont l'extrémité inférieure tourne dans une crapaudine et qui porte à sa partie supérieure un engrenage conique par lequel se transmet le mouvement. Cet arbre est traversé perpendiculairement, par l'axe B, B qui s'y trouve logé de manière à ne pouvoir tourner sur lui-même et en même temps de manière à pouvoir prendre un certain jeu dans le sens vertical. Aux extrémités de cet axe B, B sont montées les deux meules M, M, capables d'un mouvement de rotation sur elles-mêmes. Lorsque quelque fragment de minerai trop gros ou trop dur vient se placer sous les meules, celles-ci peuvent se soulever avec leur axe et l'on évite ainsi des ruptures.

Ces meules tournantes ont 1m,80 de diamètre et 0m,34 d'épaisseur. Elles sont en fonte. On les forme de deux pièces : une partie centrale portée par l'axe et un anneau de 0m,07 d'épaisseur, que l'on réunit au moyen de cales en bois ; par cette disposition lorsque les meules sont usées, on enlève l'anneau et on le remplace sans grande peine ; ce système d'assemblage a été appliqué également aux cylindres broyeurs ainsi qu'il a été dit.

Les deux meules sont disposées sur leur axe à des distances de 0m,72 et 0m,95 de l'axe vertical, de sorte que leurs traces sur le plan de la table ne se superposent pas ; elles agissent ainsi sur une plus grande surface.

Le minerai à broyer est jeté à la pelle sur la table ; l'engrenage communique à l'arbre A, A une rotation qui détermine le mouvement des meules ; les meules écrasent sous leur poids la matière qu'elles rencontrent, en exerçant une sorte de trituration. Pour faire le triage de la partie suffisamment broyée et de celle qui ne l'est pas encore, on reprend la broyée à la pelle, et on la jette sur un crible à maille convenable ; deux gamins exécutent ce travail en suivant le mouvement des meules. M. l'ingénieur R. Paquot, directeur des usines de la Nouvelle-Montagne, a imaginé une disposition très-ingénieuse par laquelle le mouvement de l'appareil lui-même peut effectuer ce triage, tandis que la matière convenablement préparée est portée à l'extérieur du plateau. Voici cette disposition.

Sur la face intérieure de chaque meule se trouve fixée une roue dentée en bois, C, C, qui participe ainsi au mouvement de rotation de la meule autour de son axe BB. A cet axe qui n'a d'autre mouvement que celui que lui communique l'arbre vertical A, A, se trouve relié, au moyen de tiges en fer, l'axe d'un blutoir D, D. Ce blutoir ainsi posé, peut tourner sur son axe par l'intermédiaire d'une roue dentée r que porte celui-ci et qui engrène avec la roue C, C. Mais par ce mouvement, un autre engrenage r', met en rotation un axe horizontal a, a qui donne le mouvement à la chaîne à godets g, g placée obliquement et tendue par les tambours t, t, dont les axes sont portés, à l'aide des tiges b, b, par l'axe B, B. Des palettes obliques p, p ramènent le minerai broyé au-devant de la chaîne à godets.

Les godets, en cuir, ramassent sur le plateau la matière en préparation, l'élèvent et la déversent dans la trémie i, i qui la dirige dans le trommel D. Celui-ci laisse passer la matière fine, qui se rend par un plan incliné dans la caisse a supportée par des tringles, et qui voyage avec tout le système. Lorsque cette caisse est remplie, on l'enlève pour la remplacer par une caisse vide. Les sables trop gros pour traverser le blutoir, retombent sur la table des meules pour y subir un complément de broyage.

Les roues volantes font environ cinq tours par minute. On broie 6000 kil. de minerai cru en 10 heures. On estime à trois chevaux-vapeur la force motrice dépensée.

CHAPITRE SIXIÈME.

SETZAGE.

Le premier cassage et le triage dans la mine, le cassage et le triage au jour, le scheidage, le débourbage de la menuaille de mine, le triage et le scheidage des fragments qui proviennent de la menuaille débourbée, constituent la partie de la préparation qu'on dénomme en Allemagne *préparation mécanique à sec*. A la vérité, on y emploie l'eau, mais uniquement pour débourber les matières minérales et non pour provoquer une séparation des matières stériles et des matières riches.

Nous nous occuperons plus tard des procédés de préparation mécanique dans lesquels l'eau intervient comme agent de séparation, c'est la partie du travail qu'on dénomme en Allemagne *préparation mécanique à l'eau*. Le travail des tamis à dépôts peut être considéré comme une transition entre ces deux divisions.

On a vu que le travail du scheidage ainsi que les appareils de débourbage fournissent des grains, des fragments, qui, par leur peu de volume, ne sont plus propres à passer au scheidage. Ils sont cependant et tout à la fois trop pauvres pour être livrés directement aux usines et trop riches pour passer aux bocards à l'eau et aux laveries. Car il ne faut jamais perdre de vue qu'on ne parvient à opérer une concentration suffisante de la matière minérale utile, dans la farine de bocard, qu'au prix d'un déchet notable, d'une perte de cette même partie métallique utile.

Le setzage a pour but de séparer les grenailles de minerai, en gangue stérile, en minerai bon à fondre et en produit intermédiaire moins riche qui doit passer au bocardage à l'eau ou bien au broyage aux cylindres. Les appareils à l'aide desquels s'effectuent ces séparations sont *les tamis à dépôts* ou *cribles à secousses* (*Setzsiebe*). Les principes qui servent de base à l'opération ont été exposés plus haut. Les conditions à remplir pour parvenir à un bon résultat, sont les suivantes :

1° Les grains de minerai à setzer doivent être approximativement de même forme et de même volume.

2° L'égalité et la netteté de la surface des grains sont des circonstances avantageuses, attendu que les surfaces raboteuses retiennent la bourbe de mine et que les grains revêtus de matière argileuse présentent le double inconvénient d'une moindre pesanteur spécifique et d'une tendance à s'agglutiner.

3° Il faut que l'appareil soit disposé de telle sorte que les grains de minerai qui se trouvent sur le tamis soient soulevés verticalement par le choc de l'eau.

4° Il faut que les secousses données par l'eau ne se succèdent pas trop rapidement, afin que les matières soulevées aient le temps de se déposer sur le tamis, suivant les lois de la pesanteur, avant de recevoir une nouvelle secousse.

5° Il faut que les grains à setzer ne soient pas de

trop faibles dimensions ; les petits grains se déposent sur le tamis en couche trop compacte que l'eau pénètre trop difficilement ou trop inégalement.

6° La grandeur des ouvertures des cribles doit être en rapport avec la grosseur des grains.

Malgré les avantages remarquables que l'emploi des tamis à dépôts a apportés dans les résultats de la préparation mécanique, en permettant de soustraire une forte proportion de minerai brut à la nécessité de passer par le broyage fin et par les laveries et en diminuant ainsi le déchet ou la perte de minerai utile, on a néanmoins à plusieurs reprises, élevé des doutes sur l'utilité réelle de ce travail. En considérant que la préparation mécanique ne s'effectue pas d'une manière complète dans le setzage, qu'après chaque opération une partie de la masse doit passer au broyage fin et aux laveries pour qu'on y puisse concentrer le minerai utile, on s'est demandé s'il ne serait pas préférable de supprimer les frais du setzage et de faire passer directement le minerai brut au broyage fin et au lavage pour concentrer par ces manipulations tout ce que cette matière peut contenir de minerai utile. La pratique a prononcé sur ce point, au moins pour les appareils actuellement en usage : les avantages du setzage consistent à rejeter une partie de la gangue stérile qui, sans cette opération, passerait au broyage et au lavage, et à diminuer la quantité de matières qui passe aux laveries dont le travail entraîne toujours une très-notable perte.

Il va sans dire qu'il n'est pas question ici des minerais disséminés dans leur gangues et qui ne se prêtent nullement au travail des cribles à secousses. Quand de tels minerais renferment des métaux précieux, on les livre souvent aux usines sans leur faire subir d'épuration mécanique; mais s'ils contiennent des métaux ordinaires, on y concentre la partie utile par le broyage et le lavage. Ce traitement serait également appliqué aux minerais de métaux précieux qui donneraient un lit de fusion trop pauvre pour le traitement métallurgique. D'autre part, chaque fois qu'un minerai se trouvera réparti dans sa gangue de manière à pouvoir donner, par un broyage convenable, de la mine à setzer, il y aura toujours avantage à le travailler aux tamis à dépôts.

Autrefois le setzage se faisait sur des tamis à la main (*Handsieben*). Ce travail, si pénible dans la saison froide pour l'ouvrier qui était obligé d'avoir constamment les mains dans l'eau, est abandonné aujourd'hui autant à cause du peu d'ouvrage qu'on y effectuait que de la nécessité de n'y occuper que des ouvriers très-habiles et très-exercés. Diverses dispositions ont été adoptées pour soutenir le poids du tamis chargé; toutefois c'est encore la main de l'homme qui généralement imprime au tamis les secousses nécessaires. A plusieurs reprises on a cherché à remplacer la main de l'homme par un arbre moteur armé de cames agissant sur un levier auquel le tamis vient se rattacher, mais les essais n'ont généralement pas été heureux. On a attribué l'insuccès à ce que l'objet qu'on se propose n'est pas de donner au tamis à dépôt un mouvement régulier de haut en bas, mais bien plutôt un mouvement de secousse; attendu qu'en s'enfonçant régulièrement le tamis ne produirait presqu'aucun dérangement dans les grains de matière à setzer, tandis que le dérangement dans la position relative des grains est le but essentiel de l'opération du setzage.

C'est avec plus de bonheur qu'on a employé des

tamis fixes, sur lesquels on soulève la matière à setzer en mettant en mouvement, à l'aide d'un piston, l'eau qui se trouve en-dessous.

Dans les appareils dont on vient de parler, le chargement et le déchargement de la matière a lieu par intermittence ; on s'est proposé dans ces derniers temps d'effectuer le même travail d'une manière continue ; bien que ce problème ne puisse être considéré comme entièrement résolu, les tentatives vers ce but sont trop intéressantes pour ne pas être examinées.

Nous décrirons successivement les appareils de setzage suivants :

Le crible à tamis mobile ou à cuve ;

Le crible à tamis fixe et à piston inférieur ;

Le crible à tamis fixe et à piston latéral ;

Les cribles continus.

Nous indiquerons en même temps l'organisation du travail dans quelques localités.

CRIBLES A DÉPÔTS, A CUVE.

Les tamis à cuve présentent des différences sous le rapport de la forme et du travail, selon les localités où on les emploie. Nous décrirons ceux qui ont conservé faveur : l'appareil de Freiberg, représenté figures 1 et 2, planche IX, et celui des ateliers de Corphalie et de Membach, figures 3, 4 et 5.

Dans les ateliers de préparation mécanique de Beschert-Glück, près de Freiberg, on traite sur les tamis à dépôts : 1° les grains à setzer qui viennent du débourbeur ; 2° la menuaille de scheidage ; 3° la mine à setzer grainée sous le bocard à sec.

Les appareils se composent d'une cuve b, en sapin ayant 0^m,80 de hauteur et 0^m,90 de diamètre à la partie

supérieure. A l'intérieur se trouve un système de guides
r, r, formé de quatre pièces de bois posées verticalement et fixées aux parois ; ces guides conservent au
tamis une verticalité parfaite dans son mouvement de
va-et-vient.

Le tamis *k* est suspendu à une tige en fer *l* qui traverse une ouverture ou chabotte ménagée dans l'épaisseur du balancier *c,c* et se rattache à un axe qui repose
sur les paliers *m*, fixés sur le dos du balancier. La
pièce *c,c* a 1^m,60 de longueur ; elle est portée par un axe
en fer avec lequel elle tourne entre les jambes *d* assu-
jetties au plafond. Le balancier porte, à l'une de ses
extrémités, une tige en bois *f* qui y est reliée au moyen
d'une douille à charnière *g*. Le bas de cette tige pénètre
dans un canal *h* qui lui sert de guide et on la manœuvre
verticalement par la cheville traversière *i* que l'ouvrier
saisit avec les mains. A l'extrémité opposée du balancier se trouve une caisse à contre-poids *n* chargée
d'environ 50 kil.

Une banquette *a* sert à placer la matière à setzer ;
elle est entourée d'un rebord, sauf sur une partie de la
face vers le tamis.

Dans le travail de la localité dont nous parlons, on
se sert de trois tamis à dépôts qui ne diffèrent que par
la grandeur des ouvertures de leur fond. Le tamis n° 1,
dit tamis au gros, est formé de fil de fer de 0^m,003
d'épaisseur et présente 72 ouvertures au décimètre
carré. Le tamis n° 2, dit tamis moyen, est en treillis
de fil de fer de 0^m,002 d'épaisseur ; il a 286 ouvertures
au décimètre carré. Le tamis n° 3, ou tamis fin, a le
fond tressé en fil de fer de 0^m,0015 d'épaisseur et 448
ouvertures au décimètre carré. Tous ces tamis ont leur
fond tendu sur un cercle en fer rond et placé dans le

tambour en bois. Ce fond est soutenu, en outre, par quatre croisillons en fer qui viennent se rattacher au tambour. Le bord du tambour mesure $0^m,16$ au-dessus du tamis; il est formé de petites douves en bois maintenues par deux cercles en fer; son diamètre à la maille est de $0^m,40$. Un étrier e le relie au moyen d'une vis et d'un écrou à la tige l. Aux points d'attache de l'étrier et du tambour, on voit deux taquets en bois destinés à se loger entre les guides de la cuve.

Les ustensiles employés dans la manipulation sont :

1° Le tranchoir, plaque en tôle à l'aide de laquelle on enlève, couche par couche, les différents dépôts formés sur le tamis. Un des côtés du tranchoir est muni d'un rebord en retour d'équerre qui sert à le saisir.

2° L'égalisoir, c'est une lame de tôle en demi-cercle pour étaler sur le tamis la matière à setzer.

3° Le râble, employé à faire tomber la matière chargée sur la banquette.

4° Plusieurs caisses, dans lesquelles l'ouvrier met à part les couches de dépôt qu'il enlève du tamis.

L'ensemble du travail est comme suit :

La matière à setzer vient du caisson de rinçage du crible à bascule précédemment décrit. Les grains de cette matière ne sont pas égaux, et le setzage sur le tamis n° 1 n'est qu'un travail préparatoire qui ne fournit pas un dépôt bien net, mais seulement une séparation plus complète des grenailles par ordre de grosseur.

Pour ce travail ébaucheur, l'ouvrier emplit à moitié son crible de la matière chargée sur la banquette ; il étale la charge sur le tamis et plonge celui-ci dans l'eau jusqu'à ce que le minerai soit recouvert ; il saisit alors les chevilles du guide et imprime à l'appareil de 30 à 50 secousses, courtes, mais assez fortes.

Dans les minerais de Beschert-Glück, la galène et la pyrite se trouvent réduites, en vertu de leur aigreur, en grains plus petits que la gangue; ces petits grains de pyrite et de galène traversent le tamis et vont former au fond de la cuve un dépôt dans lequel se trouve également des petits grains de gangue.

La couche qui recouvre immédiatement le fond du tamis renferme les fragments les plus gros de blende et d'argent blanc, ainsi qu'un peu de gangue; au-dessus vient une couche de grains de gangue qui ne renferme que peu de minerai disséminé.

Quand cette séparation se trouve réalisée par un nombre convenable de secousses, on soulève doucement le tamis au-dessus du niveau de l'eau de la cuve, et on l'accroche au bord afin de ne pas y laisser tomber une partie des dépôts qu'on enlève. La couche supérieure passe au bocardage à l'eau. On n'enlève pas tout de suite la couche de minerai qui occupe le fond du tamis, on la recouvre d'une nouvelle charge de grenailles et l'on recommence la manipulation comme il vient d'être dit. On répète l'opération trois ou cinq fois, selon la richesse du minerai. Après cela, sans charger de nouveau, on donne quelques secousses un peu fortes afin d'achever le setzage de la couche riche qui occupe le fond du tamis sur une hauteur de $0^m,06$ à $0^m,07$; on achève d'enlever quelque peu de gangue à la surface et on extrait enfin la couche de gros grains de minerai riche. Mais cette couche contient encore quelques grains de gangue qui, en raison d'une faible différence dans la pesanteur spécifique, ne se sont pas séparés d'une manière complète pendant le travail; on porte ces grenailles sur une table de triage où on les range en autant de catégories que le comporte la nature du minerai.

Lorsqu'au fond de la cuve le dépôt des matières qui ont traversé la maille s'élève à une hauteur de $0^m,30$ environ, on le fait tomber dans une caisse inférieure qui fait partie des bassins du labyrinthe ; on y brasse cette matière avec une pelle, et on la retire ensuite. On remplit la cuve d'eau claire et l'on reprend le travail.

Les produits du premier setzage sont donc :

1° Du minerai à bocarder ; 2° des gros grains de minerai riche ; 3° du gros sable au fond de la cuve.

Ce dernier produit subit, comme nous l'avons dit, un rinçage dans une sorte de durchlass ; il s'en dégage des sables fins et des schlamms, ce qui permet de livrer au setzage une matière moins abondante et composée de grains plus uniformes. Les parties entraînées par un courant d'eau claire et continu sont dirigées vers un labyrinthe. Les grains ainsi lavés sont chargés sur la banquette du second tamis.

On passe sur le tamis n° 2, outre le sable de cuve du premier travail, la farine du scheidage et le minerai à setzer, grainé sous le bocard à sec et préalablement débarrassé des bourbes par un brassage dans un durchlass.

Les manipulations du second setzage sont à peu près les mêmes que celles du premier. L'ouvrier emplit son tamis à moitié, le plonge dans l'eau et lui imprime de 50 à 70 secousses de peu d'amplitude et moins fortes que dans le premier travail. Il enlève alors une couche très-mince de gangue pure, puis ensuite une couche de $0^m,03$ à $0^m,06$ de mine à bocarder, de même richesse à peu près que le minerai à bocarder obtenu dans le premier setzage. Les grenailles restées sur le crible sont remuées avec l'égalisoir, surtout sur le pourtour du tambour où le choc de l'eau a l'action la plus faible. Ce remuage a

pour résultat de mettre les grenailles de gangue qui
se trouvent encore mélangées avec celles de minerai,
à même de passer dans la couche de mine à bocarder ou de gangue que fournira le setzage de la matière
que l'on charge par-dessus.

Le tamis reçoit un nouveau chargement de dépôt de
cuve que l'on traite de la même manière. On répète les
manipulations deux ou trois fois, voire même quatre
et cinq fois si le minerai est pauvre. On enlève ensuite
la mine à bocarder. On donne quelques secousses et
l'on retire une couche mince de richesse moyenne consistant en un mélange de grenailles à bocarder et de
minerai plus riche : on la met à part sur la banquette
de chargement.

Après avoir répété les secousses sans charger, on
enlève une couche de grenailles de $0^m,02$ à $0^m,025$
d'épaisseur et composée de blende et d'argent blanc,
mélangés de gangue. Cela fait, on remet sur le tamis
les grenailles de teneur moyenne qu'on avait déposées
sur la banquette et par-dessus une nouvelle charge de
matière à setzer et l'on continue les manipulations pré-
mentionnées jusqu'à ce qu'on enlève de nouveau la
mince couche de minerai argentifère. Après avoir répété
ce travail plusieurs fois, on retire ce qui reste sur le
tamis, c'est-à-dire un dépôt de $0^m,02$ à $0^m,035$ de grenailles de galène; on recouvre le fond avec les dernières
grenailles de teneur moyenne, on ajoute une nouvelle
charge de matière à setzer et on recommence la série
des opérations.

On comprend que les grenailles de galène ainsi obtenues doivent retenir d'ordinaire un peu de grenailles
argentifères. Aussi, lorsqu'on en a amassé une certaine
quantité, on les soumet à un setzage à part, à secousses

très-courtes, et on sépare ainsi une petite quantité de minerai d'argent.

Il faut remarquer que dans le dernier setzage des diverses matières, depuis la mine à bocarder jusqu'aux grenailles de galène à peu près pure, la force des secousses augmente, tandis que leur nombre diminue. En effet, au commencement du travail, la masse à setzer est composée de grains de grosseur trop inégale pour qu'on puisse lui donner des secousses aussi fortes que celles qu'on lui donnera plus tard, alors que les grains les plus fins auront passé à travers le fond du tamis et qu'on n'aura plus affaire qu'aux grenailles les plus grosses que comporte chaque sorte de mine à setzer.

On voit ici quelle influence l'uniformité de grosseur dans les grains exerce sur les résultats du setzage, car c'est à cette plus grande égalité de calibre qu'il faut attribuer ce fait que, sur le second tamis de setzage, on peut obtenir une couche de gangue stérile nettement séparée, bien qu'on opère sur une matière plus riche que dans le premier setzage où on ne pouvait atteindre ce résultat.

Les produits du travail du second tamis à dépôts sont :

1° Gangue ; 2° mine à bocarder ; 3° grenailles de minerai argentifère non plombeux ; 4° grenailles de galène ; 5° dépôt dans la cuve. Les grenailles de minerai argentifère et celles de galène sont bocardées à sec ; le dépôt des cuves est soumis au setzage sur le troisième tamis.

Avant de passer au tamis n° 3, cette matière reçoit un rinçage dans un durchlass ; on en charge ensuite le tamis aux trois huitièmes de la hauteur de son tambour ; on imprime 50 à 60 secousses courtes, en marquant nettement un petit temps d'arrêt à chaque secousse. On enlève une couche mince de 0m,01 à 0m,02 de mine à bocarder; il est rare que dans ce travail il y ait lieu d'enlever de la gangue stérile. On remue avec l'égalisoir ce qui reste sur le tamis et on passe une nouvelle charge qu'on traite de même. Après avoir ainsi procédé plusieurs fois à l'enlèvement des couches supérieures de mine à bocarder, l'ouvrier, sans charger de nouveau, donne dans l'eau quelques secousses à son tamis et retire avec le tranchoir une petite couche de grenailles de teneur moyenne; puis ensuite une couche de grenailles argentifères non plombeuses. Lorsqu'il a répété trois ou quatre fois ces manipulations, en chargeant chaque fois sur le lit de galène les grenailles de teneur moyenne enlevées précédemment, il retire du tamis la couche de galène, en en laissant une certaine partie sur la maille pour servir de fond. Ce fond diminue un peu la proportion de menu minerai riche qui passe à travers le tamis et contribue à une séparation plus nette des grenailles de galène qui sans cela contiendraient en mélange une plus forte proportion de minerai argentifère non plombeux.

Les produits du travail sur le troisième tamis sont : 1° mine à bocarder; 2° grenailles de minerai argentifère non plombeux ; 3° grenailles de galène; 4° dépôt de la cuve.

Le dépôt de la cuve du troisième tamis ne subit plus de concentration, il est bocardé à sec et livré à l'usine.

De l'ensemble du travail on obtient donc, en rangeant les produits dans l'ordre de leur abondance relative :

1° Du minerai à bocarder, enlevé sur les trois tamis. Il est de même nature que celui du même nom qu'on obtient au scheidage et au triage ; ils passent ensemble au bocard à l'eau et aux laveries ;

2° Un mélange de grenailles donné par le premier tamis et qui va aux tables de triage ;

3° Des grenailles de minerai argentifère non plombeux, provenant du second et du troisième tamis : on réunit celles d'un même district et on les fait passer au bocard à sec, puis à l'usine. Ce minerai, dans le district du Sud de Freiberg, a une teneur de $1^k,136$ à $1^k,420$ d'argent aux 1000 kil. ; tandis que dans le district du Nord, cette teneur s'élève jusqu'à $2^k,841$ d'argent à la tonne ;

4° Des grenailles de galène, données par les deux derniers tamis : elles vont au bocard à sec ;

5° Le dépôt de la cuve du troisième crible.

Une des difficultés du traitement du minerai dont on vient de parler, réside dans le peu de différence entre le poids spécifique des gangues et celui du minerai utile. A la mine de Kurprinz, près de Freiberg, cette difficulté se montre aussi, et la présence de la barytine amène des obstacles sérieux ; nous dirons quelques mots de la marche qu'on y suit.

Lorsqu'après un premier travail, on a enlevé la couche de minerai à bocarder, ce qui reste sur le tamis est un mélange de minerai et de barytine, mais en couche trop mince encore pour recevoir un dernier setzage. On ajoute une nouvelle charge, puis quelquefois après celle-ci une autre encore, suivant la teneur du minerai ; on enlève chaque fois la mine à bocarder et l'on procède ensuite au dernier setzage. Dans ce dernier travail, on retire encore un peu de minerai de bocard qui occupe le haut de la masse, on enlève immédiatement en dessous une seconde couche, dite levée riche ; il reste enfin la couche du fond, dite couche à barytine. Cette dernière couche, mélange de grenailles de minerai et de grenailles de barytine, est triée sur des tables. Cet épluchage est très-pénible à cause de la minutieuse attention qu'il exige; il est exécuté par des enfants.

La levée riche qui provient de l'opération précédente est employée comme fond de tamis; mais ce fond n'est que provisoire; le but que l'on poursuit est de rassembler dans la couche de fond produite par un nouveau setzage, les grains de minerai que pourrait encore renfermer cette matière. Sur la levée riche, on charge du minerai à setzer et on recommence les opérations. Deux ou trois charges successives constituent un tour de setzage. Ce n'est qu'à la fin de ce tour qu'on procède au travail du fond du tamis.

On voit, d'après cet aperçu, que dans les ateliers de Kurprinz on a en vue dans le travail des tamis à dépôts, de séparer autant que possible la barytine de la mine à bocarder, plutôt que de chercher à obtenir des grenailles de minerai pur.

Dans le Harz supérieur, le travail des tamis à dépôts s'exécute avec beaucoup de succès; mais ce résultat doit être attribué moins au mode d'opérer qu'à la nature des minerais et à l'abondance d'eau dont on dispose dans cette localité. On passe au setzage les grenailles et les gros sables qui proviennent du débourbage de la menuaille et ceux qui fournissent les broyages aux cylindres ou au bocard; ces matières sont préalablement classées par ordre de grosseur. On accorde une grande importance au Harz à ce classement suivant les calibres qui permet de traiter à part chaque catégorie; on a pu, du reste, en juger par le nouveau système de trommels qu'on y a imaginé et dont nous avons donné la description. En Belgique, on estime également ce principe et l'organisation du setzage ressemble à celle de Harz, si ce n'est cependant que dans ce dernier pays on emploie généralement des cribles à tamis fixe à piston inférieur ou à piston latéral comme on en voit à Engis, tandis que les usines de Corphalie et de Membach font usage de cribles à tamis mobile que nous décrirons bientôt.

La marche du travail au Harz, consiste à charger le tamis, à donner environ 80 secousses, puis à faire une première levée de gangue ou de minerai à bocarder des qualités bergerz et pocherz. S'il n'est pas possible de distinguer à l'œil ces deux minerais, on détermine par expérience la hauteur de la levée à faire pour chacun d'eux. Après avoir enlevé ces matières, on charge de nouveau le tamis d'une quantité à peu près égale à celle que l'on vient d'enlever et l'on recommence le travail. La couche de grenailles riches sur le fond, augmente ainsi à chaque setzage, et comme à chaque setzage la charge additionnelle diminue nécessairement, il en résulte qu'à mesure que l'opération avance, on enlève des couches de moins en moins épaisses de minerai à bocarder.

La pratique a montré qu'il suffit de 80 secousses assez fortes et bien régulières pour classer convenablement les grenailles de fort calibre : un moins grand nombre donnerait un classement négligé, un plus grand nombre donnerait lieu à une perte de temps inutile.

Dans une même opération, on charge le tamis un nombre de fois qui dépend de la richesse du minerai et qui peut varier de trois à dix. Si le dépôt du fond n'a pas un degré de pureté convenable, on le met à

part, et lorsqu'on en a rassemblé une quantité suffisante, on lui donne un dernier setzage, dit setzage
au pur. Ce travail donne enfin des produits finis et du
minerai moyennement riche à retravailler. Lorsque le
minerai contient beaucoup de blende, l'avant-dernière
couche est envoyée au broyeur fin et au lavage.

Ce que nous venons de dire s'applique surtout au
setzage des grosses grenailles ; pour les grenailles
moyennes et fines les secousses augmentent en nombre
et diminuent en intensité ; le reste du travail est le
même. Le dépôt des cuves est repris de temps en temps,
classé, puis setzé ou lavé selon la grosseur de la
matière.

Les figures 3, 4 et 5 représentent le crible à tamis
mobile des ateliers de Membach et de Corphalie. Le
tamis est rectangulaire ; il mesure 1^m,15 de long sur
0^m,65 de large ; il est mobile dans une cuve à eau de
même forme. La caisse en bois qui entoure la toile métallique a 0^m,23 de hauteur ; elle est suspendue au
moyen des deux étriers en fer e, e et des tiges t, t à la
pièce de bois horizontale a, a. Celle-ci est fixée sur deux
ressorts b, b ; elle porte en son milieu une tige c qui va
s'attacher au levier d capable d'un mouvement autour
du point f. Ce mouvement lui est communiqué par l'effort
d'un ouvrier qui s'exerce au point g du levier h, fixe
en i et qui se relie a d par la tige m. Le levier de travail h a 2^m,75. Les figures montrent clairement cette
communication de mouvement et le jeu des ressorts.

Ce crible à dépôts est surtout employé pour le traitement des fines grenailles variant entre 0^m,001 et 0^m,04.
La quantité de matières qu'on retire de ce travail pendant un temps déterminé et pour un minerai donné, dépend nécessairement de la grosseur des grains traités.

Ainsi, à Membach, pour un même minerai, en dix heures de travail effectif, un de ces appareils donne, en produits finis :

Avec une toile de $0^m,001$ . . . .   800 kil. environ.
»   »   » $0^m,005$ . . . . 1000 »   »
»   »   » $0^m,01$ . . . . 1400 »   »

Dans un traitement moyen, en dix heures de travail sur une toile de $0^m,004$, on a passé $1^{mc},047$ de minerai brut, bien débourbé et bien classé, pesant 1.807 kil., et qui a produit :

Galène et céruse à 70 p. c. de plomb . .   136 kil.
Calamine. . . . .   801 »
Produits mixtes, riches en galène, à retraiter. . . . .   104 »
Produits mixtes, riches en calamine, à retraiter. . . . .   249 »
Matières considérées comme stériles . .   478 »
Bourbes et matières fines emportées par l'eau. . . . .   39 »
———
1.807 kil.

CRIBLE A PISTON LATÉRAL.

Les cribles à cuve qui font un bon service lorsqu'on y traite les gros sables ou les grenailles de petit calibre, sont remplacés avec avantage par les cribles à piston lorsqu'il s'agit de trier les grosses grenailles.

Les cribles à piston latéral sont de deux espèces : on en voit au Harz dans lesquels un piston sert à deux tamis ; on en voit aussi dans lesquels chaque tamis a son piston, c'est ainsi que sont montés les cribles à piston latéral des bords de la Meuse.

Les figures 1, 2, 3 et 4 de la pl. X, représentent deux cribles jumeaux A, A servis par le même piston B.

Les cribles simples sont en tout semblables à l'un des cribles jumeaux ; ils se composent de deux caisses juxtaposées renfermant l'une un tamis fixe a, a, en fonte, en tôle perforée, en fil de fer ou de laiton et l'autre un piston plein en bois. Ces deux caisses sont en communication par l'ouverture d. Lorsqu'il y a deux cribles jumeaux, les ouvertures d et d' sont ouvertes et fermées alternativement par des portes à coulisses qu'on meut à l'aide des leviers ef, ef', figures 2 et 4.

La matière est chargée sur le tamis a, a en une couche dont l'épaisseur varie avec la grosseur des grenailles à setzer, elle peut croître ainsi depuis $0^m,12$ jusqu'à $0^m,20$: plus les grenailles sont grosses, moins épaisse est la couche. Les jours des tamis diminuent de grandeur, depuis $0^m,003$ jusqu'à $0^m,004$, avec la dimension des grenailles. Le fond des caisses sous les tamis est incliné vers une ouverture qui sert à enlever de temps à autre les matières qui s'y déposent. Au Harz, on setze des grenailles depuis $0^m,002$ jusqu'au-delà de $0^m,03$; les grilles ont $0^m,58$ de côté et le piston a même section. Sur les bords de la Meuse, le setzage s'applique à des grenailles depuis $0^m,002$ jusqu'à moins de $0^m,02$; les tamis ont $0^m,62$ de côté et le piston une section moindre.

La figure 3 montre autour de la tige du piston une caisse c présentant une ouverture o, o vers chaque grille ; on y place la matière à traiter. Dans le crible simple on fait usage d'une trémie à porte. Pour le travail l'ouvrier fait tomber sur le tamis, à l'aide d'un râble, une quantité convenable de grenailles. Il remplit d'eau les deux caisses jusqu'à recouvrir le minerai, puis il met le piston en mouvement.

La transmission se fait, sur les bords de la Meuse,

par des leviers mûs à la main ; ce sont des femmes qui sont chargées de ce travail, on leur accorde une habileté qu'on ne compte pas pouvoir atteindre par une disposition mécanique. Néanmoins au Harz, la transmission s'effectue au moyen d'un arbre à cames agissant à l'extrémité d'un levier auquel est suspendue la tige du piston.

Il importe pour le succès du travail que le piston descende rapidement, afin que l'eau refoulée à travers le tamis ne passe pas entre les grains, mais les soulève ; par ce soulèvement les grains les plus légers sont portés plus haut que les grains les plus lourds, delà un commencement de classement. Il importe encore que l'action de l'eau soit égale sur toute la surface du tamis, ce résultat dépend de la hauteur et de la position de l'ouverture d ; la pratique indique celles qui sont le plus convenables : au Harz, la hauteur de l'ouverture d varie entre $0^m,12$ à $0^m,17$ et sa distance à la grille est de $0^m,12$ à $0^m,15$. Enfin, il faut que le piston remonte lentement et sans opérer sous le tamis aucune aspiration, sans cela les grenailles soulevées, au lieu de continuer à se classer en retombant lentement sur la maille selon leur poids, y seraient ramenées plus ou moins brusquement, ce qui nuirait à la rapidité du classement. La pratique apprend aux moteurs animés comment il faut conduire le jeu du piston ; mais mécaniquement on peut régler ces mouvements en fesant en sorte que l'excès du poids du bras de levier vers le piston, ajouté au poids de la tige de celui-ci et du guide s'il y en a un, soit suffisamment plus grand que le poids du bras de levier vers l'arbre à cames. Cet excès pourrait d'ailleurs être augmenté de façon à donner la vitesse de descente convenable, en chargeant des pierres dans une boîte que porterait l'extrémité du levier. Pour éviter l'aspiration lors de l'ascension, on rend la tige indépendante du piston pendant cette partie du mouvement, de sorte que l'action des cames relève la tige, mais le piston ne remonte qu'en flottant sur l'eau de la cuve qui le contient; un rebord que porte la tige entraîne ensuite le piston dans le mouvement de descente.

La marche du travail dépend nécessairement de la nature des grenailles que l'on traite. En général, dans les cribles mécaniques, on laisse le piston en mouvement pendant 5 ou 10 minutes. On soulève ensuite le guide et le piston de façon à soustraire le levier à l'action des cames. L'eau doit s'abaisser alors jusqu'à la grille; s'il en restait sur le minerai, l'ouvrier la ferait écouler en ouvrant la petite issue u. L'ouvrier enlève alors une couche de minerai pauvre dont l'épaisseur dépend de la nature de la matière traitée; il charge une nouvelle quantité de grenailles sur le crible, puis il remet en mouvement. Après plusieurs répétitions de cette manœuvre, on recueille sur la grille une couche de minerai bon à fondre. Lorsque les grenailles sont très-grosses, cette couche enrichie est triée à la main. Les couches de richesse intermédiaire que l'on a enlevées pendant la concentration, sont traitées selon l'état de dissémination dans lequel le minerai utile s'y trouve. La matière qui traverse le tamis et se rassemble au fond de la caisse, est extraite de temps à autre et traitée selon sa richesse et son état de division.

Les éléments du travail, dans le crible à main, sont remis à l'habileté de l'ouvrier. Dans le crible à mouvement mécanique, le nombre de levées du piston est de 45 à 50 par minute, la hauteur de la levée peut varier de 0ᵐ,10 à 0ᵐ,12 : elle est plus grande pour les grosses grenailles que pour les petites.

Un ouvrier suffit pour deux cribles fonctionnant alternativement ; la force motrice consommée par chaque crible est estimée à un quart de cheval ; on évalue à environ 2ᵐᶜ,50 la quantité d'eau nécessaire dans une journée de travail. Quant à la quantité de matière que l'ont peut traiter à un crible en un temps donné, elle est, comme on le comprend bien, fort variable avec la nature du minerai et le degré d'enrichissement qu'on veut obtenir ; ce n'est que pour fixer les idées que nous dirons qu'au Harz on peut travailler sur huit cribles, en une journée de 10 heures, toutes les grenailles provenant du débourbage, du classement et des bocardages d'environ 6ᵐᶜ de grubenklein.

CRIBLE A PISTON INFÉRIEUR.

Si les cribles à piston latéral donnent un classement plus parfait que les cribles à cuve, principalement lorsqu'on travaille de grosses grenailles, il faut cependant qu'ils soient bien construits pour que l'action de l'eau soit uniforme dans toute la surface de la grille ; cette circonstance, indispensable à un bon travail, se trouve réalisée complètement par la disposition des cribles à piston inférieur que l'on trouve au Harz. M. Rivot en a donné une description qui renferme les détails suivants.

On emploie le crible à piston inférieur, soit avec une caisse latérale dans laquelle l'eau s'élève quand le piston descend et s'abaisse quand le piston monte ; soit sans caisse latérale, l'appareil ne se composant alors que d'une caisse unique renfermant la grille et le piston. La première disposition se conçoit facilement en supposant dans le crible précédemment décrit, le piston placé sous la grille, au lieu de l'être dans une caisse latérale. Nous considérerons seulement la seconde, qui se trouve représentée dans les figures 5, 6, 7 et 8 de la planche X.

La construction de la caisse est assez compliquée : au-dessus de la grille m, la caisse est à doubles parois sur les quatre faces, ce qui constitue une caisse secondaire et mobile, placée sur la grille et limitant l'espace que peut occuper le minerai; pour deux faces opposées, l'intervalle entre les deux caisses est de $0^m,024$, pour les deux autres, l'intervalle est de $0^m,048$; la caisse intérieure présente sur ces deux dernières faces N, des ouvertures n, n, ayant $0^m,048$ sur $0^m,096$ et placées au-dessus du niveau que l'eau peut atteindre. Au-dessous de la grille, la cuve ou corps de pompe a les deux faces opposées N pleines, figure 6, et les deux autres M, figure 5, à doubles parois, laissant entre elles des espaces ou canaux ouverts en p, p, au-dessous de la position la plus basse du piston et prolongés vers le haut jusqu'à p', p'.

Le piston est en bois et percé en son milieu d'une ouverture carrée d'environ $0^m,10$ de côté ; elle est fermée par une soupape en bois, dont le jeu est limité par quatre guides en fer glissant dans des rainures verticales, ménagées dans les parois de l'ouverture. L'épaisseur du piston est d'environ $0^m,07$; la distance de ses parois à celles de la caisse est de $0^m,003$ à $0^m,004$. Cet intervalle est suffisant pour que les matières fines qui traversent la grille puissent passer sous le piston. Le piston est soutenu par un étrier en fer q, q, assemblé avec la tige l, les deux branches de l'étrier passent dans l'intervalle des deux caisses et traversent la grille; elles sont ainsi hors du contact des minerais.

10

Le balancier A, A et le guide H présentent une disposition semblable à celle qu'on a adoptée au Harz pour les cribles à cuve. Le mouvement est transmis au balancier par des cames qui le conduisent pendant la montée et pendant la descente du piston.

L'ouverture a, fermée pendant que le crible est en activité, par un coin ou par une porte mobile dans des rainures verticales, sert à retirer de temps en temps les matières fines accumulées au fond de la cuve. L'ouverture z placée immédiatement sous la grille, permet de faire écouler l'eau quand on veut enlever les différentes tranches de grenailles. L'ouverture x qu'on peut ouvrir ou fermer par le levier D, sert à l'introduction de l'eau dans la cuve. Enfin, la trémie T reçoit en dépôt les minerais à cribler.

La hauteur du minerai sur la grille, l'amplitude du mouvement du piston, le nombre des levées varient avec la grosseur des grenailles comme dans les cribles à piston latéral. La manœuvre exige seule quelques explications.

La levée du piston doit avoir lieu avec assez de rapidité pour que les grenailles soient bien soulevées par l'action de l'eau : la descente doit se faire, au contraire, assez lentement pour que les grenailles se tassent d'elles-mêmes, sans que le mouvement imprimé à l'eau par le piston vienne accélérer leur chute. La levée du piston tend à produire en dessous de lui un vide, il faut donc, pour que le mouvement soit possible, que l'air puisse s'introduire dans la partie inférieure de la cuve. L'air extérieur entre par les orifices p', p' et les canaux latéraux pp. L'eau placée sous le piston reste à peu près immobile, pendant que l'eau supérieure est soulevée et agit sur les minerais : une très-petite partie tombe sous

le piston, entraînant les matières fines par l'espace
très-petit entre les parois du piston et de la cuve. Le
balancier n'a donc à soulever dans ce mouvement as-
censionnel que l'eau au-dessus du piston et le minerai.
Pendant la descente, l'air introduit sous le piston soulève la soupape et vient se loger au-dessus de l'eau
sous la grille. Dans la levée suivante, cet air est pressé
contre le minerai et s'échappe latéralement par les ouvertures n, n. Ces mouvements de l'air évitent l'emploi
d'une double colonne d'eau en mouvement alternatif,
mais rendent la construction de l'appareil un peu plus
compliquée.

Les cribles à piston inférieur présentent sur les précédents le grand avantage d'une action bien uniforme
de l'eau sur toutes les parties des grilles : ils exigent
à peu près la même force motrice, la même main-
d'œuvre et ils ne dépensent pas plus d'eau que les
cribles à piston latéral.

———

Les appareils continus représentent une idée nouvelle introduite depuis quelques années seulement,
dans l'étude des préparations mécaniques. Quelques-
uns ont réussi déjà ; les cribles de setzage toutefois
n'ont pas encore donné ce qu'on en espérait. Néanmoins, nous pensons qu'il est utile de faire connaître
l'état de la question, en décrivant quelques appareils
de ce genre (1).

CRIBLE CONTINU A CUVE.

L'appareil de setzage continu et à cuve est représenté
par une coupe verticale suivant l'axe, dans la figure 9

(1) *Revue universelle des Mines*, t. III, p. 261.

de la planche X. La figure 10 montre l'intérieur de la cuve lorsque le tamis est enlevé.

La cuve à eau dans laquelle se meut le crible est à peu près cylindrique ; elle est formée de douves en bois cerclées de fer. Elle a un mètre de hauteur et un mètre de diamètre environ. A $0^m,40$ au-dessous du bord supérieur, la paroi intérieure s'incline en entonnoir c,c vers un orifice a. Toute la matière qui tombera dans cette partie de la cuve se dirigera donc vers ce point a et sera évacuée dans un réservoir X qui lui est destiné, par un canal incliné $a\,b$ qui va du centre à l'extérieur de la cuve. Une porte en bois à coulisses P, fig. 10, permet de régler cette évacuation.

Intérieurement à cet entonnoir se trouve disposé un cône en fonte $d\,d$, se reliant par son bord supérieur avec une partie cylindrique $c\,e$, de $0^m,12$ de hauteur et de $0^m,75$ de diamètre. Ce cône est soutenu par des planches f placées-de champ. Tout ce qui y tombe se dirige par l'ouverture g et le canal incliné $g\,h$ dans la case Y. On a fondu avec ce cône un croisillon $i\,i$ pour servir de support à un canal $l\,l$ qui traverse le cône et l'entonnoir $c\,c$ et débouche en m dans la case Z ; on en verra bientôt la fonction.

Le tamis n, n se compose d'une toile métallique circulaire, en fil de fer ou de laiton présentant des mailles d'un peu moins d'un millimètre de largeur. Cette toile mesure $0^m,66$ de diamètre. Elle est soutenue par un quadrillage de petites lames en bois placé en dessous, et se trouve fixée dans une garniture circulaire en bois o, o, de $0^m,04$ d'épaisseur et formant au-dessus de la toile un bord de $0^m,08$ de hauteur. A ce bord, aux deux points p, p, viennent s'attacher deux pièces en fer q, q, qui relient le tamis à la tige T, T, laquelle reçoit d'un arbre moteur, et transmet par conséquent au tamis avec lequel elle est solidaire, un mouvement de secousse vertical.

Le bord o, o du crible est taillé en biseau sur toute sa circonférence, afin de faciliter la chute des grains de matière que l'eau soulèvera par-dessus le bord pendant le travail. Ce biseau est garni d'une feuille de tôle qui, à sa partie inférieure r, se recourbe verticalement dans le but de recouvrir le bord e, e du réservoir conique en fonte d, d, et de prévenir ainsi un déclassement des matières qui s'écoulent par les diverses voies du tamis.

En son centre, la maille du tamis est remplacée par une petite plaque de zinc présentant une ouverture circulaire s de $0^m,02$ de diamètre. La figure 1, planche XI, représente ce détail à une échelle plus grande. La plaque de zinc est adaptée à deux tubes en fer concentriques t, t', respectivement de $0^m,03$ et $0^m,02$ de diamètre, laissant entre eux un anneau vide dans lequel vient s'emboîter le tube d'évacuation l, l en fer ou en zinc que porte le croisillon i, i du cône en fonte d, d. Les deux tubes assemblés t, t' sont maintenus d'ailleurs par deux lames en fer L, L qui embrassent le tube extérieur entre deux petits collets qu'il porte, tandis qu'elles vont s'encastrer par leurs extrémités et se fixer, au moyen de vis, dans le bois qui forme le bord du crible.

L'ouverture s du tube qui prend naissance au centre du tamis peut être fermée par une tige en fer u, u de $0^m,02$ de diamètre, à pointe conique. Cette tige peut descendre ou remonter au moyen d'un pas de vis qu'elle porte à sa partie supérieure et qui s'engage dans le support en fer v, v. Autour de cette tige est disposée une lame de zinc formant un cône x, x de $0^m,10$ de diamètre à la base. Ce cône ou cette partie de cône en zinc est suspendue à la garniture v,v, et laisse entre son bord inférieur et le tamis un espace de $0^m,005$ de hauteur. Cette disposition a pour but de ne laisser arriver à l'orifice s que la matière qui forme la couche inférieure de la masse déposée sur la maille du crible.

Pendant le travail, l'eau remplit l'appareil : un canal de trop-plein y,y, qui s'ouvre à $0^m,10$ au-dessous du bord supérieur de la cuve, livre au besoin une voie à l'excès d'eau et la conduit avec les matières pauvres qu'elle peut entraîner dans le réservoir X, destiné déjà aux grains qui s'échappent par-dessus le bord en biseau du crible.

Les grains de minerai à setzer, entraînés par l'eau, arrivent vers le centre du tamis par un canal incliné A. Cette arrivée est continue. Le tamis reçoit un mouvement de secousse vertical. La rapidité de ce mouvement ainsi que son amplitude seront réglées d'après la grosseur et la nature des grains de minerai. Chaque fois que le crible chargé de matières s'abaissera brusquement dans l'eau, celle-ci soulèvera les grains. Les plus légers, qui sont aussi les plus pauvres, seront entraînés par-dessus le bord ; ils s'écouleront dans le cône c, c et se rendront par $a\,b$ dans le réservoir X. Les secousses successives amèneront les grains les plus riches ou les plus denses dans le fond du crible, où ils formeront une couche. Au commencement du travail, on fermera l'orifice s en faisant descendre la tige u ; aucune matière ne pourra donc quitter le tamis par cette voie ; mais lorsqu'une couche de minerai riche aura commencé à se déposer sur le tamis, on relèvera cet obturateur. Dès lors la matière enrichie s'écoulera par le tube central, passera dans le tube l, l qui la conduira directement dans le canal de dépôt Z. Le cône en zinc x, x s'opposera

à ce qu'une matière autre que celle de la couche inférieure arrive à l'orifice d'écoulement *s*; tandis qu'une
légère déclivité du tamis vers cet orifice facilitera l'évacuation du minerai enrichi.

Cet appareil fera donc trois classes :

1° Du minerai enrichi, dans la case Z.

2° Du minerai pauvre, dans la case X.

3° Du menu qui passera par la maille du tamis, qui
descendra dans le cône *d,d* et s'écoulera par le canal
incliné *gh* dans la case Y.

Des détails sur les résultats obtenus à cet appareil
nous manquent.

Un crible d'un système semblable, avec quelques
différences de formes et de dimensions a encore été
construit au Harz. Il est de forme rectangulaire. Le
tamis a environ 0^m,75 de long sur 0^m,50 de large.
La maille, très-serrée, a 0^m,005 d'espacement; elle
est soutenue en dessous par des fils de fer. Une
maille de cette finesse a le défaut de s'encrasser assez
vite et de demander des nettoyages. Elle présente,
en son centre, un orifice et un canal d'écoulement
pour le minerai enrichi, avec des tubes concentriques
disposés d'une façon identique à celle qui vient d'être
décrite. Le tamis, dans toute son étendue, présente
vers cet orifice une légère déclivité. Une lame conique en zinc, dont l'extrémité inférieure est un peu
au-dessus de la maille du tamis, ne laisse arriver à
l'issue que la couche inférieure. Le minerai à enrichir,
ainsi que l'eau, au lieu d'être amenés au centre du
tamis, comme dans l'appareil précédent, arrivent au
contraire ici à l'une des extrémités; les bords du tamis
ont 0^m,14 de hauteur au-dessus de la maille, si ce
n'est le bord opposé à l'arrivée des matières, lequel

ne mesure que $0^m,025$ au-dessus de la maille. Il résulte de cette disposition que la matière à setzer, entraînée par l'eau sur toute la longueur du long côté du rectangle, se classe, pendant ce trajet, sous l'influence des secousses que reçoit le tamis, et qu'arrivée à l'extrémité, la partie stérile seule est entraînée par-dessus le bord de $0^m,025$ de hauteur. Il est à croire que si la disposition précédemment décrite peut être appliquée à du minerai assez riche, la dernière donnera de meilleurs résultats, lorsqu'il y aura beaucoup de gangue à évacuer, attendu que le minerai a un trajet plus long à parcourir, ce qui facilite la séparation du riche et du pauvre.

Cette gangue, qui passe par-dessus le bord, tombe dans une cuve pyramidale ; il en est de même de la matière fine, qui traverse la maille du tamis. Ces deux cuves pyramidales, placées l'une dans l'autre, à quelque distance, sont en bois ; elles présentent une économie sur les cuves coniques en fonte de l'appareil précédemment décrit ; elles sont munies comme celles-ci de tubes qui conduisent les diverses classes de matières au dehors ; elles sont en un mot dans les mêmes dispositions.

Ce tamis reçoit par minute de 180 à 200 secousses dont la levée est de 2 à 3 millimètres ; ce mouvement est une sorte de trépidation. La transmission de mouvement se fait au moyen d'un levier et d'un pignon à cinq cames monté sur un arbre qui reçoit son mouvement de l'arbre moteur par l'intermédiaire d'une poulie et d'une courroie.

La matière que l'on a traitée à cet appareil était du Bergerz pauvre qu'on voulait enrichir avant de la traiter à d'autres appareils. On l'a préalablement bocardée fin , de façon à la réduire en grains d'environ $0^m,002$. L'arrivée de ces grains sur le tamis était continue; elle était réglée au moyen d'une vis formée d'une hélice par laquelle devait passer la matière et qui recevait un mouvement de rotation convenablement rapide. Pendant le travail la tige d'obturation qui se trouve au centre du tamis laissait entr'ouvert l'orifice de sortie du minerai enrichi , et toutes les cinq minutes environ on la soulevait pour éviter toute obstruction.

On a passé à ce crible, en 12 heures, 60 centner de grains , soit 3000 kilog. ou 2 mètres cubes environ , car la matière était très-pauvre. Le minerai enrichi avait doublé de richesse , ce qui revient à dire que 50 pour 100 de gangues contenues avait passé par-dessus bord. On a voulu s'assurer de ce que pouvaient être ces gangues. On les a bocardées très-fin , et on les a travaillées aux caissons allemands et aux tables dormantes. 700 centner passés à ce travail n'ont fourni que 3 centner de Schlich pur. En conséquence , ces gangues ont été considérées comme devant être rejetées définitivement.

La matière fine qui passe au travers du tamis se réunit aux schlamms et est traitée comme eux.

Ce genre de tamis paraît jusqu'ici devoir rendre de bons services pour la concentration des matières pauvres. Si l'on y travaillait des minerais riches , on obtiendrait, comme produit d'une première concentration , un mélange de Stufferz et de Schurerz qui , travaillé de nouveau au même appareil, donnerait enfin du minerai bon à fondre. Les matières rejetées par le tamis dans ces opérations seraient ensuite reprises , broyées fin , et enrichies aux tables de lavage.

CRIBLE CONTINU A PISTON LATÉRAL.

Cet appareil se compose de deux caisses rectanguaires en bois, juxtaposées. La figure 3, planche XI, les représente vues d'en haut, et la figure 2 en donne une coupe suivant A B de la précédente. Ces deux compartiments, comme dans tous les appareils du même genre, renferment de l'eau pendant le travail et communiquent entre eux. L'un contient un piston P en bois, garni d'une lame de cuir l, l destinée à assurer le contact avec la paroi. Ce piston est porté par une tige en fer t, t, qui reçoit un mouvement vertical alternatif. Cette tige peut prendre dans le piston un jeu tel que quand elle se relève, elle n'entraîne pas le piston avec elle, de sorte que celui-ci reste flottant en remontant. Cette disposition, comme on sait, a pour but d'éviter une aspiration pendant l'ascension du piston.

Le second compartiment Q est occupé par un tamis fixe a, a, formé d'une maille très-serrée d'un demi-millimètre de jour environ En son centre se trouve une ouverture b par laquelle les matières enrichies s'écoulent dans un canal bf. Au-dessus de cet orifice b est un cône en zinc d, d, fixé par sa partie supérieure à une traverse en bois e, e, et qui, comme dans les tamis précédemment décrits , empêche les couches supérieures de la matière classée sur le crible d'arriver au canal bf. Ce canal est ouvert et fermé alternativement par un obturateur en fer c, qui forme la partie inférieure d'une tige verticale dont la partie supérieure peut se mouvoir dans un petit manchon g. Cette tige présente en h un anneau que traverse une sorte de levier en fer i, lequel pivote en k, et dont l'extrémité s'engage sous une broche horizontale m, portée par la tige t, t. Par cette disposition, chaque fois que le piston

P descend, l'obturateur *c* est soulevé et le tube d'écoulement *bf* se trouve ouvert ; chaque fois que le piston remonte, l'orifice *b* se referme. A 4 pouces (0^m,096) au dessus de la maille, une des parois de la caisse est ouverte longitudinalement, et la matière soulevée à ce niveau pendant le travail peut s'écouler, entraînée par l'eau dans l'espèce d'entonnoir *n,n* qui la conduit au canal incliné *p,p*. Elle se rend par là au bocard, si elle vaut la peine qu'on la travaille encore.

Ce qui passe à travers la maille du crible est recueilli de temps à autre par la porte boulonnée *q*.

La matière à setzer, entraînée par l'eau, arrive d'une manière continue sur le tamis, où elle est continûment classée et continûment évacuée. Les grains que l'on a travaillés jusqu'ici sont très-petits ; ils proviennent du bocard à chicane précédemment décrit. La couche de minerai reçoit de 60 à 65 secousses par minute ; la hauteur de la levée est de 0^m,036 à 0^m,048. Le minerai subit d'abord sur ces tamis un travail de concentration ; la matière enrichie par un premier setzage est travaillée de nouveau dans des appareils semblables, et donne alors du minerai considéré comme bon à fondre. Jusqu'ici les produits fournis par cet appareil n'ont pas été suffisamment purs. La hauteur de la couche de minerai considérée relativement à la petitesse des grains, et cette petitesse considérée aussi relativement à la grandeur de la levée que l'épaisseur de la couche nécessite, sont des circonstances qui peuvent expliquer le médiocre service qu'a fait ce crible continu. La disposition relative de la tige du piston et de la tige de l'obturateur semble également désavantageuse au travail. De cette disposition, il résulte que lorsque le piston s'abaisse, c'est-à-dire lorsque l'eau est refoulée de bas en haut à travers le tamis, et que la matière est par conséquent soulevée, l'orifice de sortie du minerai enrichi se trouve ouvert, tandis que, lorsque le piston se relève et que le minerai descend sur la maille, cet orifice se referme. Cet arrangement paraît peu favorable au traitement d'une grande quantité de matières.

CRIBLE TRIPLE ET CONTINU A PISTON INFÉRIEUR.

Cet appareil, construit au Harz, en 1851, ne s'est pas répandu : il n'en n'existe qu'un seul. Nous nous bornerons à en donner une idée en quelques mots. Il se compose d'une caisse rectangulaire en bois, divisée en trois compartiments par des cloisons verticales. Dans chaque compartiment se trouve une toile métallique fixe, qui présente une inclinaison légère dans le sens de la marche des matières. Ces trois compartiments à tamis présentent des dispositions tout-à-fait semblables. Les tamis y sont à des niveaux distants de 0^m,07; à la partie la plus basse de chacun d'eux s'ouvre un canal incliné par où les matières déposées sur la maille s'écoulent lorsqu'on leur ouvre une voie d'issue. Les matières qui quittent ainsi l'appareil sont reçues dans de petits bacs placés en avant et dont le fond est formé d'une toile métallique à travers laquelle s'échappent avec les eaux quelques parties de minerai qui se rendent dans la conduite générale des eaux du bocard. A 10 ou 12 centimètres au-dessus de chacun des trois tamis, se trouvent des déversoirs inclinés qui conduisent pendant le travail une partie de la matière du premier compartiment dans le second, du second dans le troisième, et du troisième dans un trommel, dont les ouvertures ont 0^m,002.

Sous chaque tamis se meut un piston à soupape,

qui reçoit un mouvement vertical alternatif. Des conduits placés à la partie postérieure de l'appareil, et
établissant communication entre l'extérieur et le dessous du piston, servent à l'arrivée de l'eau et de l'air
pendant l'ascension ; lors de la descente, l'air comprimé
passe par la soupape au-dessus du piston, va se placer
sous la grille, et s'échappe après par des voies latérales
qui débouchent dans les conduits dont nous venons de
parler. Le fond de chaque compartiment est formé d'un
plan incliné qui facilite l'extraction, par une porte,
des matières qui traversent la maille des tamis et qui
passent au-delà du piston ; on les fait tomber de temps
à autre dans la conduite générale des eaux du bocard.

Le minerai en grains de 3/8 ou de 3/16 de pouce
($0^m,009$ ou 0^m0045) est chargé dans une trémie d'où il
tombe par une porte à coulisses sur le premier tamis
où arrive aussi de l'eau. Le piston donne par minute
environ 50 coups d'une levée de 3 pouces ($0^m,072$) ; il
soulève la masse dont les parties se classent ; les grains
les plus légers sont soulevés à la hauteur du premier
déversoir, et, entraînés par l'eau, ils se rendent par
cette voie sur le second crible, où une nouvelle concentration a lieu. Dans ce nouveau travail, les parties
les plus pauvres passent par le second déversoir sur le
troisième crible dont le rebut est conduit enfin d'une
manière semblable dans le trommel classeur.

Lorsque le minerai enrichi se trouve en quantité convenable sur un tamis, ce qui arrive après un temps
qui dépend de la nature des grains et que l'expérience
doit enseigner, l'ouvrier l'extrait en ouvrant l'issue qui
lui correspond. Le minerai quitte alors le tamis et vient
tomber dans une case. Lorsqu'on voit arriver du minerai peu riche, on ferme la sortie. On agit de même

avec chaque crible. Les produits vont naturellement en décroissant de richesse du premier au second et du second au troisième. La manière dont ils sont évacués amène ce résultat, que ce n'est pas la partie enrichie seule qui sort, il s'y mélange des grains des couches supérieures de la masse et par conséquent les résultats de la concentration sont affaiblis; aussi le produit le plus riche, celui du premier tamis, doit-il être retravaillé sur un crible ordinaire avant de donner du minerai bon à fondre.

L'avantage de cet appareil est de classer assez rapidement, suivant des richesses différentes, une grande quantité de matières; mais il n'est pas possible d'en retirer des produits finis. En traitant des grenailles de Bergerz de 3/8 de pouce, on a passé en deux heures 8 tonnes $(1^{m^3},27)$, dont on a retiré 2 pieds cubes $(0^{m^3},048)$ de Stufferz et Schurerz, 2 1/2 pieds cubes $(0^{m^3},06)$ de Schurerz et Pocherz et 2 tonnes 1 p. c. $(0^{m^3},341)$ de Bergerz. En travaillant des grenailles de 3/16 de pouce, on a passé en une heure 20 minutes, 8 tonnes dont on a retiré 1 pied cube $(0^{m^3},024)$ de Stufferz et Schurerz, 1 3/4 p. c. $(0^{m^3},042)$ de Schurerz et Pocherz et 1 tonne 6 p. c. $(0^{m^3},30)$ de Bergerz.

La consommation d'eau est considérable : il s'en écoule sans cesse par le trommel, ainsi qu'à chaque extraction du minerai; la quantité nécessaire pour entraîner la matière sur les tamis peut être évaluée au moins à 4 pieds cubes $(0^{m^3},1)$ par minute.

Tel est l'état de la question des tamis continus. Si une solution n'est pas encore avenue, on ne peut refuser aux essais que nous venons d'exposer l'intérêt qu'éveillent des efforts intelligents appliqués à des difficultés sérieuses.

CHAPITRE SEPTIÈME.

CLASSEMENT DES SABLES ET DES SCHLAMMS.

Le cassage dans la mine, les broyages aux cylindres ou aux bocards, réduisent du minerai en sable et en farine ténue. Ces parties fines, avant de passer aux aires d'enrichissement, doivent être classées, afin que les catégories de sables de grosseurs différentes puissent être traitées séparément comme il convient le mieux. Les appareils classeurs des sables et des schlamms que nous passerons en revue sont : le labyrinthe, les spitzkasten et le trieur à vent.

LABYRINTHE.

Dans les ateliers qui présentent quelque développement, on emploie plusieurs labyrinthes destinés aux parties fines de différentes richesses, de différentes provenances.

Un labyrinthe complet affecté, comme ceux du Harz, au classement des sables et des schlamms, se compose de deux caisses de rinçage, à fond incliné contre le courant qui y circule et que l'on nomme : *le Schossgerenne* et *l'Unterschossgerenne*, puis du labyrinthe proprement dit ou *Schlammgerenne*.

La première caisse où se déposent les sables les plus gros, peut mesurer 1^m,70 de longueur, 0^m,25 de largeur et à ses extrémités des profondeurs de 0^m,20 et de 0^m,07. La seconde caisse mesure 1^m,15 sur 0^m,25 et des profondeurs extrêmes de 0^m,15 et de 0^m,07.

Les sables, qui se déposent au fond de ces caissons, sont encore mêlés d'une forte quantité de parties ténues. Afin d'enlever ces parties, un ouvrier, à l'aide d'une pelle, ramène le dépôt contre le courant d'eau qui charrie les matières et qui entraîne ainsi des parties légères remises en suspension. Le dépôt dans l'unters-chossgerenne est formé naturellement de sables plus fins que celui du schossgerenne.

Immédiatement à la suite se trouve le labyrinthe proprement dit. C'est un chenal en bois qui peut avoir jusqu'à 30 mètres de long dans tout son développement, sur $0^m,25$ et plus en largeur ainsi qu'en profondeur. On enlève à la pelle les matières qui se sont déposées, en se classant, au fond de ce canal. Pour faciliter le dépôt des matières entraînées par l'eau, on y place des barrages avec entailles, par dessus lesquelles les eaux s'écoulent en déversoir.

Enfin, on fait usage de bassins placés à l'extérieur des ateliers, et dans lesquels s'arrêtent des parties fines qui ont traversé, sans se reposer, toute l'étendue du labyrinthe. Ce qui va au-delà est abandonné.

SPITZKASTEN OU CAISSES POINTUES.

M. Rittinger directeur de la préparation mécanique en Hongrie, a fait construire un appareil destiné à classer les boues, et qui présente plusieurs avantages importants.

Cet appareil se compose de quatre grandes caisses en forme de pyramides quadrangulaires renversées, formées de fortes planches et consolidées par une charpente extérieure. Les figures 4, 5 et 6 de la planche XI, représentent la première d'entre elles, les trois autres n'en diffèrent, quant à la forme, qu'en ce qu'elles sont pyramidales sur toute leur hauteur.

Les eaux chargées de schlamms arrivent par le canal M; une partie de la matière solide descend dans la caisse, la partie la plus légère est entraînée au-delà par le courant; elle se rend par le conduit N qui se trouve à peu près au niveau de M, dans la seconde caisse plus large et plus longue que la première ; cette augmentation de largeur diminue la vitesse du courant, une nouvelle précipitation partielle a lieu ; la matière se répartit ainsi dans les quatre caisses dont les dimensions vont en croissant ; on obtient des sables et diverses qualités de schlamms. Dans la dernière caisse, afin de retenir le plus de schlamms possible, on dispose en face du canal d'arrivée une cloison verticale s'élevant au-dessus du niveau de l'eau et plongeant de $0^m,50$ environ. Les sables ou les schlamms qui se rendent au fond des spitzkasten ne s'y déposent pas, mais s'écoulent sans cesse par un conduit qu'on recourbe sur la paroi afin de diminuer la vitesse de sortie, tout en laissant à l'orifice une largeur convenable. Ces matières sont dirigées directement par le canal p, p vers l'aire où l'on doit les enrichir.

Les dimensions de ces quatre caisses pointues ou spitzkasten, dépendent de la quantité de matière à classer. Si l'on suppose pour exemple, un bocardage fin de 9000 kil. en 24 heures, M. Rittinger indique les dimensions suivantes :

	LONGUEUR AU NIVEAU DES EAUX.	LARGEUR AU NIVEAU DES EAUX.	PROFONDEUR.
1re caisse.	$1^m,73$	$0^m,43$	$1^m,15$
2e caisse.	2 ,60	0 ,72	1 ,73
3e caisse.	3 ,46	1 ,30	2 ,30
4e caisse.	4 ,32	2 ,30	2 ,88

Le conduit qui part du fond des caisses a $0^m,024$ de côté ; sa hauteur augmente de manière à diminuer la vitesse de sortie dans les dernières caisses ; la charge d'eau varie ainsi de $0^m,86$ à $0^m,58$. Les conduits N qui relient les caisses sont inclinés, afin que les schlamms ne s'y arrêtent pas, il en résulte une différence de niveau de $0^m,43$ entre deux caisses consécutives.

Les avantages des spitzkasten sur les labyrinthes consistent en :

1° Un meilleur classement des matières fines ;

2° Une main-d'œuvre moindre ;

3° Un rendement plus grand dans le travail des tables.

Malgré ces avantages, les spitzkasten ne sont pas à l'abri de critiques sérieuses. Les dispositions et les dimensions qu'on leur a données en Hongrie, et qui ont été adoptées au Harz, en Belgique et ailleurs, en font des appareils volumineux, portés par de forts bâtis, de hauteur telle qu'on est forcé le plus souvent d'y élever la matière par des roues ou par des pompes ; de plus, une fois construits, leurs dimensions correspondent au classement d'une certaine quantité de matière en un temps déterminé ; si cette quantité vient à changer, il faut, pour que le classement soit toujours le même, c'est-à-dire pour conserver la même vitesse, faire varier la quantité d'eau qui charrie les schlamms, et dès lors les eaux chargées qui arrivent sur les tables ne se trouvent plus être le mélange le plus convenable pour le travail de concentration.

Il semble qu'on ait voulu remédier à ces inconvénients lorsqu'on a construit récemment au Harz un nouveau système de spitzkasten que nous allons faire connaître (1). L'ensemble comprend, comme le mon-

(1) *Revue universelle des mines*, t. III, p. 562.

trent les figures 7 et 8, plusieurs parties semblables
A A, B B qui, chacune, se composent d'abord de deux
caisses pointues assez étroites, allongées et qui vont en
s'élargissant ; à la suite se trouvent trois petits spitzkasten carrés, de $0^m,85$ de côté et plus larges que les
précédents ; viennent ensuite deux rangées accouplées
de quatre petites caisses pyramidales formant une voie
d'écoulement de $1^m,40$ de largeur. Cette conduite, qui
va toujours s'élargissant, détermine les différences de
vitesse qui provoquent le classement successif des
sables qui la traversent. Les faces de ces caisses pyramidales sont plus inclinées sur la base que dans les
anciens appareils, mais l'écoulement des sables n'en
est pas empêché. On peut d'ailleurs maintenir libre
l'orifice de sortie au sommet renversé des caisses, en
y faisant passer un fil de fer suspendu au-dessus à une
tringle horizontale en bois et tendu par un poids au-
dessous de l'orifice, et en imprimant à la tringle un
mouvement au moyen de cames portées par l'un des
arbres de transmission.

Ces caisses sont en zinc. Les sables qui s'y précipitent sont reçus immédiatement au-dessous dans des
canaux inclinés qui les dirigent vers des aires d'enrichissement. Ce qui passe au delà peut être dirigé vers
un labyrinthe.

L'établissement d'un semblable système n'exige que
des supports peu importants, une faible élévation des
matières à classer ; il est de plus d'un entretien aisé.
Sa forme et ses dimensions pourraient être modifiées
selon les circonstances. Tel que nous l'avons décrit,
il fait un très-bon classement. En juxtaposant plusieurs
appareils semblables, alimentés par les canaux c, c, c, c
on est à même de classer une quantité quelconque de

matière ; si la matière à traiter diminue , un simple jeu de vanne permet d'isoler telle partie que l'on veut du système entier.

TRIEUR A VENT.

On a vu que c'est par catégories de volume égal que l'on classe les grenailles distinées au setzage, et l'on sait les avantages de ce classement. Lorsqu'il s'agit des parties fines de minerai, ce mode de répartition est pratiquement difficile, et l'on vient de voir qu'on lui substitue un classement suivant le plus ou moins de difficulté qu'ont les sables à se maintenir en suspension dans un courant d'eau : c'est là , en effet, le principe du labyrinthe et des spitzkasten. Le trieur à vent repose sur un principe analogue , bien que différent dans ses résultats : il classe les parties fines suivant le plus ou moins de difficulté qu'elles présentent à être entraînées par un courant d'air. Les forces qui se trouvent en jeu dans ce dernier appareil sont le poids des grains et la force vive de l'air qui les frappe ; quant à la perte de poids , elle est insignifiante ici , tandis qu'elle est sensible lorsque les grains se trouvent dans un courant d'eau ; là est la différence.

Plusieurs trieurs à vent ont été établis par M. V. Simon, aux usines de la Nouvelle-Montagne ; nous nous attacherons à indiquer les dispositions qui ont été adoptées, après une expérience de plusieurs années.

L'appareil se compose, fig. 1, 2 et 3, pl. XII, d'un ventilateur A, A qui lance un fort courant d'air dans un long tube en tôle B,B, à section rectangulaire à angles arrondis. Au commencement de ce conduit, en C, fig. 1, se trouve une fente par où tombe dans le cou-

rant la matière minérale à classer. La paroi inférieure
du tube est formée de deux plans inclinés qui laissent
entre eux une ouverture par laquelle le minerai classé
tombe dans une série de cases D, D, D, dont la largeur
augmente à mesure que les sables qui doivent s'y
déposer sont plus fins. A la suite du tube est une
chambre qui peut être sous le sol et qui sert à recueillir
les parties très-ténues qui échappent au classement. A
l'extrémité de cette chambre se trouve enfin une haute
cheminée.

Le classement s'opère ainsi : le mélange des sables
en tombant par la fente C dans l'air lancé par le ventilateur, est projeté dans le tube; chaque grain se trouve
ainsi livré à deux forces, l'une verticale qui est son
poids, l'autre horizontale qui est l'impulsion du courant d'air ; la première est proportionnelle au volume
et au poids spécifique de chaque grain, la seconde
dépend seulement de la surface présentée au courant,
ou bien du volume si le grain est régulier. Sous l'action
combinée de ces forces chaque grain de sable décrit
une parabole plus ou moins ouverte et vient tomber
dans une des cases qui se trouvent au-dessous du tube.

Quelques mots sur les éléments qui forment l'ensemble de cet appareil ne seront pas inutiles.

Il est clair que l'uniformité du classement des sables
n'est assurée que pour autant que le courant d'air
garde une vitesse constante. Dans les trieurs où le
courant est produit, non par un ventilateur mécanique,
mais par le tirage d'une cheminée dans laquelle
se dégage la fumée des fours, on conçoit qu'il doive
se produire des variations de vitesse résultant de
la marche des fours et de l'état de l'atmosphère. L'usage
de ventilateurs marchant à 600 ou à 800 tours par mi-

nute, assure la régularité désirable, mais il faut que la machine qui met en mouvement le ventilateur, ne serve à aucun autre appareil dont le travail rencontrant des résistances variables, réagirait sur la vitesse du courant d'air : c'est ce qui arrivait à Engis lorsque la même machine servait en même temps aux trieurs et aux meules broyeuses. Aujourd'hui on a résolu, pour se placer dans les meilleures conditions, de construire une machine de huit chevaux destinée à desservir exclusivement quatre trieurs dont les ventilateurs pourront faire jusqu'à mille tours par minute.

Pour éviter les vibrations du courant on avait cru devoir construire à la suite du ventilateur une chambre elliptique ; le résultat n'a pas répondu à l'attente ; on y a renoncé tout en donnant à l'enveloppe du ventilateur une courbe qui facilite l'arrivée de l'air dans le classeur.

Le tube en tôle mesure à son origine $0^m,80$ de hauteur sur $0^m,40$ de largeur, sa section va en augmentant de manière à ralentir progressivement le courant d'air, ainsi qu'on fait dans les spitzkasten pour le courant d'eau. L'augmentation de la section dépend de la longueur que l'on donne au tube, puisque le but que l'on poursuit est évidemment de laisser sortir le courant d'air avec le moins de vitesse possible afin qu'il n'entraîne que fort peu de poussière métallique ; moins le tube sera long, plus grande sera donc l'augmentation de la section. A Engis, pour des tubes de 15 à 20 mètres de longueur, la section qui à l'entrée a $0^m,80$ de hauteur mesure à la sortie un mètre environ de hauteur. Quant à la chambre qui suit le tube et qui est destinée à arrêter les poussières métallifères, plus elle sera grande, mieux elle atteindra le but.

Les matières que l'on classe au trieur sont des sables

de diverses grosseurs, contenant la galène, la blende, la calamine, la pyrite et des gangues ; ce sont les matières données par le menu de la mine ou par le broyage. Lorsque les sables sont humides, ils doivent être préalablement desséchés : on les étale à cet effet sur un sol en-dessous duquel circule dans des carneaux la flamme des fours, ou bien on fait usage de fours de dessiccation semblables à ceux qui servent pour le grillage. A l'usine de Prayon on a construit pour cet objet, un four spécial de séchage, à chargement continu et à soles inclinées.

La matière desséchée est portée au trieur et chargée dans la chaîne à godets G, G ; celle-ci la déverse par une trémie T dans un trommel incliné E, dont la maille présente des ouvertures de $0^m,004$. Ce qui traverse cette maille se rend par une trémie dans la fente C dont la largeur, qui mesure $0^m,005$ au plus, est réglée selon la nature des sables, et la matière arrive ainsi dans le courant d'air qui le classe. Les refus du trommel descendent par le chenal F, F dans le puisoir P.

Si les pelotes de matière desséchée ne se défaisaient pas convenablement pendant ces transvasements, on pourrait y mêler des grenailles de plomb qui aideraient à les briser et qu'on retrouverait d'ailleurs dans la première des cases à dépôt, où on les reprendrait pour les faire servir de nouveau.

Comme la matière des premières cases contient toujours une certaine quantité de poussière, on la repasse à un autre appareil muni d'un ventilateur à grande vitesse.

Un trieur peut classer par poste de 10 heures, environ 10000 kil. de sable. Le personnel se compose de trois gamins : 2 pour le transport des matières, un pour le service de la chaîne à godets,

Les reproches qu'on a fait à cet appareil, consistent d'abord dans la difficulté d'obtenir un courant d'air constant, ensuite dans l'inconvénient d'exiger la dessiccation préalable des sables. Au demeurant, cet inconvénient intervient dans le prix de revient et c'est là seulement qu'il faut le mesurer, afin de l'apprécier comme il convient, c'est-à-dire en présence des avantages que peut offrir le procédé.

On jugerait difficilement des machines de cette nature en dehors des faits ; leur valeur relativement à celle d'appareils qui effectuent un travail analogue ne peut être établie sûrement que par des essais parallèles, que par l'élaboration d'un même minerai en quantité suffisante, pendant un temps convenablement prolongé. A notre connaissance un seul essai de ce genre a été fait et les résultats n'ont pas été concluants. Quoi qu'il en soit, à l'usine d'Engis on préconise fort les trieurs à vent ; c'est le seul classeur de sables qu'on y emploie, et l'on estime que le mode de classement qu'il opère, facilite notablement l'enrichissement aux tables. Ce qui ne peut être douteux, c'est qu'il rendra des services précieux dans les localités où l'eau fait défaut : c'est ainsi qu'on l'emploie avec succès dans les montagnes arides du midi de l'Espagne.

CHAPITRE HUITIÈME.

TRAVAIL DES LAVERIES.

On se souvient que les cassages ainsi que l'épluchage fournissent, entre autres classes de matières, des fragments de diverses grosseurs dans lesquels le minerai utile se trouve tellement disséminé qu'on ne saurait le séparer de sa gangue ni par le scheidage, ni par le travail des tamis à dépôts. Dans quelques cas, ce caractère se présente dans la plus grande partie du minerai extrait. Pour y concentrer la partie utile, c'est-à-dire pour enlever la gangue, il faut amener ces matières, par le bocardage ou le broyage, à un degré de division tel que les particules utiles soient tout-à-fait détachées de la gangue. On obtient par là des sables et des farines minérales qu'il s'agit d'enrichir. D'autre part, le débourbage, les rinçages de la menuaille ou de la mine à setzer et enfin le travail des cribles à dépôts donnent également des parties fines dans lesquelles se trouve aussi du minerai utile et qui se déposent dans des chenaux et des bassins, ou bien dans les cuves de setzage des tamis les plus fins.

Le but du travail des laveries c'est de concentrer la partie utile répandue dans ces matières fines, en les lavant sur des aires inclinées par un courant d'eau qui entraîne les particules les plus légères et les sépare ainsi des plus pesantes.

Comme on l'a vu dans le chapitre précédent, ces matières sont préalablement classées en diverses catégories, afin qu'on puisse traiter celles-ci isolément, dans les conditions les plus favorables à la marche d'un bon travail. On n'a pu employer à ce classement une série méthodique de cribles, comme on l'avait fait pour des grenailles d'un plus fort volume, par ces raisons que le tamisage prendrait beaucoup de temps, qu'il serait dispendieux et difficile ou plutôt impossible à cause de l'état humide d'une grande partie des matières fines. Au lieu de cribles classeurs, les laby-rinthes, les spitzkasten ou le trieur à vent ont pu fournir des lots de sables qui passeront séparément à l'enrichissement sur des tables de différents systèmes que nous allons examiner. Généralement les premiers de ces appareils sont employés de préférence pour les gros sables et les derniers pour les sables plus fins.

CAISSON ALLEMAND.

Cet appareil se nomme aussi *caisse allemande*, *caisse en tombeau*, et en allemand *schlamgraben*, *schwænzelgraben*.

Il est formé d'une caisse en bois A B, fig. 1 et 2, planche XIII, mesurant en longueur de 3ᵐ,50 à 4ᵐ, en largeur et en profondeur environ 0ᵐ,50. Le fond présente une légère inclinaison qui peut être mesurée par une différence de niveau de $0^m,30$ à $0^m,35$. La paroi verticale qui ferme le caisson à sa partie inférieure, est percée de plusieurs ouvertures *a*, *a*, *a*, à différentes hauteurs.

Les caissons du Harz présentent à leur pied un canal *p* où se déposent les gros sables qui s'échappent des caissons ; par un déversoir les parties fines, entraînées par l'eau, sortent de la caisse *p* et se rendent dans des bassins successifs P, P, puis toujours par des déversoirs dans des canaux de labyrinthe.

A la tête du caisson et au-dessus, se trouve une banquette C sur laquelle on charge le minerai à enrichir. Pendant le travail, l'eau arrive dans la caisse d'une manière continue. La figure montre une disposition adoptée à cet effet ; l'eau vient de la conduite E, elle suit les flèches pour arriver dans le compartiment M à la tête du caisson, d'où elle sort, en trop plein, par dessus le bord de la cloison *i*. Un autre trop plein latéral peut emmener l'eau en excès.

La matière à laver ayant été placée sur la banquette C,

l'ouvrier en fait tomber une petite quantité dans le caisson ; le courant d'eau tend à l'entraîner au bas de l'appareil ; mais l'ouvrier, à l'aide d'un râble en bois à manche court, la ramène sans cesse à la tête, contre le courant, en promenant son râble à la surface de la couche.

Pendant ce travail, les schlamms se séparent des sables et sont entraînés par l'eau, tandis que les sables se classent par ordre de richesse de la tête au pied. L'ouvrier maintient une certaine quantité d'eau dans le caisson et à mesure que le niveau des sables s'élève, il bouche les orifices a, a, a. Enfin, lorsque le travail est terminé, lorsque le caisson est rempli de matière lavée, il ouvre ces orifices, pour donner issue à l'eau que contient encore la masse de sable. L'enrichissement exécuté très-rapidement n'est souvent qu'une ébauche de la séparation que l'on poursuit.

La matière classée dans le caisson est divisée en trois lots ; le premier près de la tête est la partie enrichie, elle doit être concentrée de nouveau sur un deuxième caisson ; le second, qui est retravaillé sur le même appareil, présente une richesse semblable à celle des sables dont elle provient ; enfin, le troisième est plus pauvre, et, au Harz, on le traite sur les tables à toiles ou planheerd, dont la description sera donnée plus loin. Dans d'autres localités, les produits intermédiaires sont concentrés aux tables à secousses.

Les grains recueillis dans le bassin p passent au planheerd, les schlamms des bassins PP vont aux tables dormantes.

Dans le travail du Harz, le second caisson donne une partie enrichie à travailler au même appareil si elle est encore pauvre, pour la nouvelle partie riche être ensuite passée au troisième caisson ; une seconde partie non enrichie pour être retravaillée, par conséquent, au même appareil, enfin, une partie appauvrie pour passer au planheerd.

Le troisième caisson donne : sables enrichis à retravailler au même appareil ; sables à passer à un second système de trois caissons ; sables pauvres pour le planheerd. La partie enrichie est épurée par lavages successifs sur ce même caisson jusqu'à ce qu'elle donne du schlich pour l'usine.

Le travail sur le second système de caissons est semblable à celui qui s'effectue sur le premier système, si ce n'est que les grains les plus pauvres, au lieu d'aller immédiatement au planheerd, subissent un setzage qui donne une première couche qui va au planheerd, une seconde de minerai à bocarder et une troisième que l'on concentre.

TABLE A SECOUSSES.

La table à secousses, *stossheerd*, est un appareil qui, depuis quelques années, est fort employé, surtout pour l'enrichissement des sables gros et moyens. La figure 6 en montre une vue longitudinale, la figure 7 une vue de face, et la figure 8 une coupe de la table. Cet appareil se compose d'une aire rectangulaire A, A, en bois, bien établie, avec rebords sur trois côtés pour contenir la matière qui y circule. Cette table est suspendue vers ses quatre angles par des chaînes. Les deux chaînes qui suspendent la tête s'attachent à deux montants verticaux fesant partie d'une solide charpente qui entoure l'appareil ; les deux chaînes du pied peuvent s'enrouler sur un arbre horizontal porté par deux autres montants.

Pour effectuer l'enroulement ou le déroulement,

plusieurs dispositions ont été adoptées; nous indiquerons celle qu'on remarque sur les tables récemment construites au Harz. Le tour où s'enroulent les chaînes porte en son milieu une bague à dents qui engrène avec une vis sans fin fixée à un madrier horizontal placé au-dessus. L'axe de la vis sans fin porte une manivelle qu'il suffit de tourner dans un sens ou dans l'autre pour abaisser ou relever le pied de la table; la position est arrêtée ensuite par un encliquetage à rochet. Et comme les autres chaînes peuvent s'attacher à la tête de la table en plusieurs points, il en résulte que l'appareil peut prendre différentes positions qu'on fait varier avec les circonstances comme il sera indiqué.

La table ainsi suspendue peut recevoir un mouvement d'oscillation et des secousses par les dispositions suivantes. La tête de la table vient appuyer sur une pièce horizontale a dont l'extrémité porte des trous qui permettent d'y assembler, au moyen d'une cheville, un levier b fixé à un arbre tournant; cet arbre porte d'autre part un bras que viennent rencontrer les cames d'un axe en mouvement de rotation. Chaque came soulevant le bras, détermine la pièce a à pousser la table en avant, et lorsque la came a cessé d'agir, la table retombe en fesant rétrograder la pièce a et vient butter par la languette c contre un madrier horizontal. Si ce dernier est encastré par ses deux extrémités, son élasticité déterminera, après la première secousse, une série de secousses jusqu'à ce que la table soit de nouveau portée en avant. Cette élasticité du buttoir peut être modérée en chassant des coins entre cette pièce et une pièce fixe qui serait placée derrière. Enfin, l'amplitude des secousses de la table peut être modifiée en plaçant la cheville dans l'un ou l'autre des trous que présente l'extrémité de la pièce horizontale a.

Les matières à travailler sur la table sont jetées dans une caisse C, où arrive de l'eau ; pour les mettre en suspension, on les agite soit avec des spatules, soit au moyen d'une roue à palettes qui peut prendre son mouvement de l'arbre moteur, par une poulie et une courroie. Les eaux boueuses descendent par un canal sur un distributeur incliné, disposé au-dessus de la tête de la table. Ce distributeur est formé d'une série de petits morceaux de bois fixés sur le chevet, qui interceptent en partie le passage et forcent ainsi les eaux chargées de minerai à se répartir sur toute la largeur. Chacun de ces morceaux de bois formant chicane, est mobile autour de la vis qui le fixe au chevet de la table et en les mouvant à la main, on règle convenablement la distribution.

Le pied de la table est généralement plus bas que la tête ; la pente détermine l'écoulement des eaux. Le minerai en suspension se dépose sur l'aire. Les secousses favorisent la séparation des parties riches et des grains de gangue ; ceux-ci sont entraînés peu à peu par l'eau et un classement suivant les richesses se fait sur la longueur de la table. L'ouvrier, à l'aide d'un râble en bois, ramène vers la tête la matière, afin de remonter les parties riches qui auraient pu être portées trop bas. Lorsque la couche de matière a acquis une certaine épaisseur, de $0^m,10$ à $0^m,20$ à la tête, ce qui demande un temps qui varie notablement avec la nature des sables, on arrête le mouvement. On divise la masse en plusieurs numéros de richesse selon la nature de la matière traitée. La partie la plus proche de la tête et qui est la plus riche, est souvent retravaillée sur une seconde table avant de donner du schlich pour l'usine ; la partie qui vient ensuite est retravaillée à la même table; enfin, la bande inférieure peut être rejetée, si le minerai est pauvre.

Au Harz, on a travaillé sur des tables à secousses à pied relevé contre le courant, c'est-à-dire avec une inclinaison inverse des précédentes. Le soin de l'ouvrier se réduit alors à maintenir la table pendant tout le travail sous une inclinaison telle que la gangue puisse être entraînée par l'eau par dessus le pied, sans que la matière riche descende trop bas. Cette dernière s'accumule à la tête, et au bout d'un temps, on divise aussi la couche enrichie en plusieurs bandes qui sont retravaillées sur des tables semblables avant de donner du schlich pour la fonderie.

Les dimensions des tables et plusieurs de leurs dispositions varient avec les circonstances. Au Harz, les tables qui traitent les gros sables ont $2^m,70$ de long, sur $1^m,15$ de largeur; les sables fins, plus difficiles à retenir, sont lavés sur de grandes tables qui mesurent $4^m,30$ de long sur $1^m,50$ de large.

En règle générale, le nombre de secousses par minute sera d'autant plus grand que les sables seront plus fins; il est d'ailleurs fort variable d'un pays à l'autre, tandis qu'on le trouve de 15 à 40 en Hongrie, on le porte au Harz de 45 à 60. Les gros sables sont travaillés avec des secousses élastiques, les schlamms fins avec des secousses sèches. L'amplitude de l'oscillation, qui peut varier de $0^m,04$ à $0^m,17$, est d'autant plus grande que les sables sont plus gros. L'angle des chaînes de suspension avec la verticale diminue, surtout pour les chaînes du pied, avec la grosseur des grains. Enfin, l'inclinaison dans le sens de l'écoulement augmente avec le volume des sables, elle varie ainsi de 2 à 8 p. c.

La quantité proportionnelle d'eau qui amène en suspension la matière broyée doit être réglée par expérience ; trop grande elle expose à des pertes, trop faible elle ralentit l'épuration.

PLANHEERD.

Le planheerd ou *table à toiles* n'est guère employé que dans la préparation mécanique du Harz où l'on dispose de beaucoup d'eau. On y enrichit les sables pauvres qui viennent du travail des caissons allemands ou des tables à secousses. Les tables à toiles rendent de bons services lorsqu'on traite des minerais qui ont une tendance à se broyer en paillettes ; ces paillettes présentant une grande surface à l'eau courante seraient entraînées sur les tables lisses, tandis que la rugosité des toiles offre une chance de les retenir.

Nous empruntons à la description qu'a donnée de cet appareil M. Rivot, les détails suivants :

L'ensemble désigné par le nom de planheerd comprend :

1° La caisse de débourbage, ou durchlass ;

2° L'abfallgerenne, ou canal incliné avec gradins ;

3° La table à toiles ou plannenheerd ;

4° Les bassins pour les schlamms du débourbage et pour les sables qui ne sont pas arrêtés par les toiles ; leur disposition est représentée en élévation et en plan par les figures 1 et 2 de la planche XIV.

Le durchlass se compose de deux caisses allongées A, A' ; la première est longue de $1^m,44$, large de $0^m,29$ et profonde de $0^m,24$; la seconde a la même largeur ; sa longueur est de $0^m,86$; elle communique par un déversoir et un canal $d'd$ avec les bassins de dépôt c, c, c et ceux-ci avec le labyrinthe.

Les lignes ponctuées de la figure 1, indiquent la forme du fond des deux caisses.

Les matières à débourber sont placées sur la tête inclinée *a*, sur laquelle arrive un courant d'eau par le canal *b*.

Dans tous les ateliers du Harz, les deux caisses sont disposées à une certaine hauteur; l'ouvrier travaille debout sur les parois, élevées d'environ 0^m,85; il peut ainsi jeter facilement avec sa pelle, dans la trémie de l'abfallgerenne, les sables qu'il retire du durchlass.

L'abfallgerenne D, D, D est un long canal incliné de 1 sur 4, large de 0^m,34, profond de plus de 0^m,28, long de 6^m,30 au moins, dont le fond est taillé en gradins, comme l'indiquent les lignes ponctuées de la figure 1. D'un côté, l'abfallgerenne débouche sur la tête de la table à toiles, de l'autre, il est muni d'une trémie E, dans laquelle l'ouvrier jette à la pelle les sables débourbés, en même temps qu'arrive un courant constant d'eau par le canal F, lequel communique avec la conduite générale H.

La table à toiles G, G, présente une surface plane, inclinée de 1 sur 12, longue de 5 à 7 mètres, large de 1^m,15, munie d'une tête trapézoïdale L, L, taillée en gradins. Le pied de la table avance au-dessus d'un petit bassin M, enfoncé au-dessous du niveau du sol de l'atelier et communiquant par le canal M' avec une série de bassins extérieurs.

Les gradins de la tête de la table et ceux de l'abfallgerenne ont de 0^m,85 à 0^m,95 de profondeur, suivant la nature des minerais qu'on traite. Sous la tête de la table est disposée une caisse à déversoir I, dans laquelle l'eau arrive par le conduit *i*. C'est par là qu'on fait couler l'eau en nappe continue sur les toiles, pendant le travail qui précède leur enlèvement.

Les toiles ont 1^m,73 de long sur 0^m,58 de large. Elles sont simplement posées transversalement sur la table , chacune avançant sur la suivante de $0^m,05$ à $0^m,08$. Pour le lavage de ces toiles on place à côté de la table trois caisses X , X , X , et qui peuvent mesurer environ $0^m,60$ de côté et de profondeur.

Les bassins de dépôt C, pour les schlamms provenant du débourbage, ont des dimensions variables avec l'espace que la disposition des ateliers permet de leur consacrer. Il faut au moins deux bassins de $0^m,38$ de profondeur, de $0^m,85$ à $1^m,15$ de longueur, et de $0^m,50$ à $0^m,60$ de largeur. Ils communiquent entre eux par des déversoirs, et le dernier avec le labyrinthe par un canal souterrain. Les bassins extérieurs, dans lesquels se rendent les sables et les schlamms non arrêtés par les toiles de la table, sont au nombre de cinq, et disposées comme les deux caisses de débourbage, c'est-à-dire que leurs fonds sont inclinés en sens contraire du courant d'eau : ces bassins ont $1^m,45$ sur $0^m,85$ horizontalement et $0^m,85$ à leur plus grande profondeur. Ils communiquent entre eux par des déversoirs, et les eaux chargées de schlamms qui s'échappent du dernier, se rendent par un conduit large de $0^m,29$, dans une série de grands bassins de dépôt pour les schlamms.

Les sables provenant des deux systèmes de caissons renferment des grains de dimensions très-différentes ; et une proportion très-notable de matières fines. Le travail de ces tables a pour but : 1° de séparer la plus grande partie des schlamms, par le débourbage au durchlass ; 2° de recueillir dans les gradins de l'abfallgerenne et dans ceux de la tête de la table, les sables assez riches pour qu'on puisse les traiter avec avantage dans les bocards fins ; 3° d'arrêter par les aspérités des toiles les paillettes de galène, de manière à obtenir une certaine quantité de schlich bon à fondre; 4° de classer par un nouveau débourbage dans les bassins intérieurs, les sables pauvres et les schlamms, en schlamms entraînés dans les bassins de dépôt, et en schlamms pauvres qui doivent passer au bocard.

Les sables à débourber sont chargés sur la tête du durchlass et entraînés par l'eau dans le premier compartiment. Un ouvrier, debout sur les bords de la caisse, agite vivement avec une pelle, en remontant les sables contre le courant d'eau, afin de faire entraîner les sables les plus fins et les schlamms. Tout ce qui peut rester sur la pelle st chargé immédiatement dans la trémie de l'abfallgerenne. L'ouvrier travaille de temps en temps les matières qui se déposent dans le second compartiment, il les agite en les remontant contre le courant, et fait ainsi entraîner la presque totalité des schlamms, lesquels vont se déposer, en partie, dans les bassins C, C, en partie dans le labyrinthe. Quand l'ouvrier s'aperçoit que les sables du second compartiment renferment encore une certaine proportion de gros grains, il les fait repasser dans la première caisse; quand, au contraire, les sables sont suffisamment fins, il les dépose sur une aire spéciale, à côté du durchlass.

Dans les bassins C, C, les schlamms déposés ne sont soumis à aucune manipulation; ils sont enlevés quand les bassins sont à peu près remplis.

Les produits du débourbage sont donc :

1° Gros sables, jetés dans la trémie de l'abfallgerenne;

2° Sables fins, de la seconde caisse; destinés au lavage sur les caissons ou sur les tables à secousses;

3° Schlamms déposés dans les bassins C, C ; lavés sur les tables dormantes.

4° Schlamms fins, se rendant au labyrinthe et se mélangeant avec ceux donnés par les autres opérations.

Les gros sables, retirés à la pelle de la première caisse du durchlass, chargés dans la trémie de l'abfallgerenne, sont entraînés par un assez fort courant d'eau. Les grains les plus gros et les plus lourds se déposent dans les gradins, retenant encore une faible quantité de sables fins et de schlamms. Quand les gradins sont pleins de sables, on cesse de charger du minerai dans la trémie, et l'ouvrier vient agiter les sables dans les gradins successifs, en commençant par les plus élevés. Ce nouveau débourbage achève de faire partir les matières fines et les sables légers, tout à fait stériles ; il ne reste dans les gradins que les sables un peu gros et un peu lourds. Ils sont enlevés et déposés sur une aire spéciale. On recommence ensuite à charger les sables du durchlass, etc.

L'abfallgerenne ne sert donc qu'à séparer une certaine proportion de sables de richesse moyenne, bien dégagés de matières fines. Ils sont traités, suivant leur nature, soit aux cribles fins s'ils sont un peu gros, soit aux caissons s'ils sont un peu fins.

Les sables fins et légers, les schlamms, qui ne s'arrêtent pas dans les gradins de l'abfallgerenne, arrivent sur la tête du plannenheerd et ensuite sur les toiles. Les gradins de la tête retiennent encore une certaine proportion de sables plus fins que ceux déposés dans l'abfallgerenne ; sur les toiles se fixent les paillettes de minerai et des sables fins. Quand les toiles disparaissent sous le dépôt de sables, on arrête le chargement dans la trémie de l'abfallgerenne, on débourbe les sables dans les gradins, on enlève les sables débourbés, et on cesse de faire arriver l'eau sur la tête de la table; au contraire, on ouvre le canal i, de manière à ce que l'eau vienne couler sur les toiles en nappe continue, par le déversoir de la caisse I. L'ouvrier armé d'un râble fait descendre autant que possible les sables vers le pied de la table, en évitant que les paillettes de minerai ne se dégagent des aspérités des toiles et ne soient entraînées par l'eau.

Après quelques minutes de travail, les toiles supérieures paraissent chargées de schlich assez pur, tandis que les toiles inférieures offrent un mélange de schlich et de sables plus ou moins fins. Il serait impossible de dégager ces sables sans faire entraîner en même temps par l'eau une portion notable du schlich. Aussi l'ouvrier doit-il se borner à bien purifier les toiles les plus voisines de la tête.

Quand l'enrichissement de ces toiles est arrivé au point voulu, l'ouvrier ferme le conduit i, enlève les cinq premières toiles et les lave dans la première caisse; puis il enlève les cinq suivantes et les lave dans la seconde caisse; enfin les toiles du pied sont lavées dans la dernière caisse.

Il remet ensuite les toiles en place et le travail recommence dans tout l'ensemble des appareils.

Les produits du plannenheerd sont de trois qualités :

1° Dans la première caisse, schlich bon à fondre;

2° Dans la seconde caisse, schlich assez pauvre, mais qui est cependant considéré comme bon à fondre;

3° Dans la troisième, schlich très-impur, mélangé de sables pauvres. Ce dernier produit est très-difficile à enrichir, en raison de sa nature; il contient des sables pauvres et des matières fines très-riches; la séparation des sables sur un appareil spécial donnerait lieu à des pertes considérables en métaux; aussi faut-il se résigner à reporter au durchlass les matières de la troisième caisse.

Les différents appareils ne retiennent qu'une partie des sables et des matières fines très-pures : le reste est recueilli dans les bassins extérieurs et dans les bassins de dépôt.

Dans les premiers, deux ouvriers débourbent les sables à la pelle, afin de faire bien sortir toutes les matières fines. Les schlamms sont entraînés aux bassins de dépôt.

En résumé, l'ensemble de ces appareils qui servent au Harz de complément aux caissons allemands et en partie aux tables à secousses, donne les résultats suivants :

1° Par le premier débourbage, on sépare la plus grande partie des matières fines, et on en fait un classement approché au moyen des premiers bassins de dépôt : on divise les sables en deux classes d'après leur grosseur ;

2° Par l'abfallgerenne et la tête du planheerd, on sépare les sables assez riches pour être traités sur des cribles, ou du moins pour être lavés très-facilement dans les caissons ;

3° Sur les toiles du planheerd, on recueille les parcelles de minerai, et on obtient deux qualités de schlich;

4° Dans les bassins de débourbage, on produit la séparation de toutes les matières fines, qui vont se déposer plus loin dans les grands bassins, et on obtient les sables très-pauvres desquels on ne peut retirer du schlich que par un bocardage très-fin.

La quantité d'eau nécessaire au bon travail de ces

appareils est assez considérable : il ne faut pas moins de $0^{mc},048$ par minute pour le durchlass et $0^{mc},17$ pour l'abfallgerenne et le planheerd.

On pourrait facilement traiter dans une journée de 10 heures, 6 mètres cubes de sables provenant des caissons : cependant on pense, dans certains ateliers, que les opérations ne réussissent bien qu'autant qu'on n'opère que sur une faible quantité de matière, et pour traiter cette quantité en 10 heures, on emploie deux appareils juxtaposés.

Deux hommes et un gamin suffisent parfaitement pour toutes les opérations, au durchlass, à l'abfallgerenne et au planheerd, on emploie de plus deux hommes pour le débourbage dans les bassins extérieurs.

TABLE DE BRUNTON.

Cet appareil (1) a été employé en Angleterre pour laver les matières fines et riches qui se trouvent au fond des auges de criblage, les parties fines du bocardage et les boues du labyrinthe.

Ces matières sont mises préalablement en suspension dans l'eau. Les eaux boueuses passent ensuite par un blutoir, puis elles s'écoulent par un conduit et un distributeur sur l'appareil laveur. Nous nous bornons à donner, dans la figure 3 de la planche XIV, un croquis d'une vue latérale indiquant seulement les organes principaux de cet appareil. Il se compose d'une toile vernie et sans fin circulant sur trois rouleaux M, N et H. Deux de ces rouleaux M et N servent de guides, ils sont disposés de manière à donner à la toile une inclinaison qu'on peut varier à volonté ; le troisième

____

1) *Ann. des mines*, 4° s., t. XX, p. 527.

rouleau H détermine le mouvement par les dispositions suivantes. Il est formé de petites douves en sapin clouées sur des cercles en bois ; la toile, de son côté, est munie à sa surface intérieure et perpendiculairement à sa longueur de bandes plates en sapin remplissant le même office que les maillons dans une chaîne sans fin. En donnant un mouvement de rotation à ce rouleau, il déterminera la circulation de la toile.

Les eaux chargées d'un minerai qui contient le quartz, la pyrite arsenicale, des matières cuivreuses, etc., se déversent sur la toile aux deux tiers environ de sa longueur, tandis qu'une petite lame d'eau, aussi pure que possible, s'écoule en $r\,r$, tombe en gouttes sur la toile et y lave le mélange métallifère amené à sa rencontre par le mouvement de celle-ci. Dès lors la séparation s'opère. La pyrite arsenicale, le quartz, etc., sont emportés par l'eau ; ils descendent suivant l'inclinaison de la toile jusqu'à ce qu'ils atteignent le cylindre M où ils quittent l'appareil. Quant aux matières riches, trop pesantes pour être entraînées, elles restent au contraire adhérentes à la surface vernie jusqu'au moment où celle-ci par suite de son mouvement de translation vient tremper dans l'eau dont la caisse R est remplie jusqu'aux bords. Les particules métalliques gagnent le fond de cette caisse. Quand la matière y est en assez grande quantité, on soutire l'eau par un trou de bonde, et on enlève.

La matière enrichie ainsi obtenue est versée dans une grande tonne, aux deux tiers pleine d'eau, et maintenue en suspension au moyen d'un axe vertical qui porte deux bras en fer en forme de rames et qui reçoit un mouvement de rotation. Après deux ou trois heures de rotation, l'agitateur est enlevé et la tonne est soumise à une percussion produite par quatre marteaux. Ces chocs aident les matières à se classer au fond par ordre de densité. Au bout de 24 heures on arrête les marteaux et on laisse reposer. On fait écouler l'eau par des trous percés à différentes hauteurs dans les douves, on enlève la couche supérieure à l'aide d'une lame de tôle et le fond de la tonne est mis en magasin pour être vendu.

Cet appareil, qui date de 1851, ne s'est pas répandu.

ROUND-BUDDLE.

Le round-buddle, représenté par les fig. 4 et 5 de la planche XIV, se compose d'une table conique A, A en bois, mesurant de $3^m,50$ à 5^m de diamètre, et $0^m,30$ de hauteur; elle est placée dans un bassin B, B, ayant $0^m,36$ de profondeur. Le pourtour de ce bassin s'incline vers une issue a. Au centre est un axe vertical b qui reçoit un mouvement de rotation au moyen de l'engrenage conique c. Un système de troncs de cône C, formant entonnoir, est destiné à répartir les eaux sur le cône distributeur C'.

L'axe b porte une barre transversale d, d, dont les deux bras servent à suspendre des planchettes i, i que l'on peut baisser et relever à volonté au moyen de cordons et de contrepoids ou de tout autre disposition. Les planchettes traînent sur la surface de la table des brosses ou des bandes d'étoffe.

On travaille généralement à cet appareil des schlamms abandonnés par les eaux de lavage : ainsi, à Corphalie, on passe au round-buddle les matières qui se déposent sur les tables dormantes, placées sous les spitzkasten.

Les schlamms sont chargés à la pelle sur un plan incliné D, où arrive un courant d'eau. Ce courant entraîne la matière dans une caisse où se meut un agilateur qui peut être un cylindre garni de pointes. Les schlamms sont ainsi mis en suspension. Ils se rendent dans un petit blutoir E long de $0^m,40$, large de $0^m,30$ et percé de trous de $0^m,002$ à $0^m,003$ d'ouverture. Les refus de ce blutoir sont traités avec les sables, les eaux qui les accompagnent passent par dessus la cloison f et se rendent par le canal g dans le pourtour du bassin du round-buddle. Les schlamms qui traversent la claire-voie du blutoir s'écoulent par le chenal incliné h, h, dans l'entonnoir C et de là sur le distributeur C$'$ qui les répartit sur toute la surface de la table.

Les eaux de suspension entraînent les parties métallifères d'autant plus loin que leur densité est moins grande. A partir du sommet du round-buddle, la matière se classe donc en zones de différentes richesses. Tout ce qui est entraîné dans le pourtour du bassin s'échappe par le canal a et est abandonné. Les égalisoirs i, i empêchent par leur mouvement la formation de rigoles qui nuiraient au classement.

Lorsque la couche de matière déposée sur la table est convenablement épaisse, on la divise en zones concentriques que l'on dessine au moyen d'un clou attaché à l'une des planchettes i, i. Si l'on traite un mélange de blende, de galène et d'argile par exemple, la zone près du sommet est enrichie en galène, la blende s'en écarte et se dépose plus bas, l'argile enfin est plus ou moins entraînée par les eaux qui se rendent au canal a. Les classes de différentes richesses sont enlevées à la pelle, mises à part et lavées de nouveau s'il en est besoin.

Il arrive que des schlamms doivent recevoir six lavages successifs au round-buddle avant d'être bons pour le fourneau. La nature des substances influe nécessairement sur les résultats du travail ; aussi n'est-ce que comme indication vague que nous dirons qu'avec quatre round-buddle on peut obtenir trois tonnes de minerai en sable par jour.

L'expérience que l'on a faite de cet appareil lui a enlevé une partie de la faveur qui l'avait fait adopter dans un assez grand nombre d'ateliers. Les reproches qu'on peut lui adresser sont : qu'il ne donne pas des produits finis en une seule opération, que le lavage se fait avec de l'eau sale, que pendant le travail la table conique, sur laquelle s'écoulent les eaux chargées de matière minérale, forme une surface inclinée dont la pente s'accroît avec le dépôt des matières, si bien qu'au sommet, l'épaisseur de la couche peut atteindre $0^m,15$, tandis qu'à la périphérie de la table, elle ne sera, par exemple, que de $0^m,03$. De l'inégalité d'inclinaison naît l'inégalité de vitesse des eaux chargées et par conséquent une irrégularité dans le dépôt des matières de même densité ou de même richesse. La matière riche, dans le courant de l'opération, ne se superpose pas exactement à celle qui s'est déposée dès le début, mais elle s'étend plus bas par la raison qu'elle s'étale sur une surface plus inclinée. D'un autre côté, si, par suite de négligence, de l'eau pure ou bien de l'eau chargée d'une trop faible quantité de schlamms vient laver le dépôt, elle en entraîne une certaine partie et produit un déclassement. Enfin, par maintes causes, il peut se produire des rigoles, ou se forer des trous difficiles à obstruer, qui se prolongent à l'intérieur de la masse et gâtent le classement préalablement effectué. Ces défauts ne se retrouvent pas dans la table tournante qui sera décrite plus loin.

TABLE DORMANTE.

La table dormante, qu'on nomme aussi *table à balai*, *Kehrheerd*, est affectée au lavage des schlamms. Elle peut, avec le caisson allemand, remplacer la table à secousses lorsqu'on manque de force motrice.

La table dormante se compose d'un plan incliné fixe A, A, figures 3 et 4 de la planche XIII, garni de rebords sur la longueur. A la tête, se trouve un distributeur B destiné à répartir les eaux chargées sur la largeur de l'aire. Ce distributeur est formé d'une aire ordinairement triangulaire, au sommet de laquelle débouchent les eaux chargées; elle porte, soit une série de petits morceaux de bois, figure 4, qui interceptent en partie le passage, divisent le courant en petits filets, comme pour la table à secousses, et répartissent la masse uniformément sur la largeur, soit des espèces de lattes disposées en éventail et qui produisent le même effet. A la partie inférieure et au-dessous de l'appareil sont disposés des bassins à dépôt R destinés à recevoir les divers produits qu'on sépare par le travail de la table. On dirige chacun de ces produits vers la série de caisses qui doit le recevoir, par différents moyens. En Hongrie, on se sert d'une planche mobile et à rebords qui réunit le pied de l'aire successivement avec chacune des caisses. Au Harz on a adopté une disposition qui consiste en deux ou trois ouvertures transversales *a*, *b* et *c* de toute la longueur de la table et de $0^m,07$ de long, espacées de $0^m,50$ à $0^m,60$; ces ouvertures se ferment par des pièces en bois à charnière horizontale, et que viennent recouvrir des bandes en cuir *d*, *d*, figure 5, clouées en *i*, *i*. Lorsqu'on veut mettre le bas de la table en communication avec un des réservoirs qui se trouvent au-dessous, on relève le cuir de l'ouverture qui y correspond, on soulève la pièce mobile *m* et l'on rabat le cuir dans l'espace ainsi ouvert. Les bassins R servent pour recueillir les produits similaires de toutes les tables juxtaposées.

Dans les ateliers où se trouvent des spitzkasten, les schlamms en suspension dans l'eau arrivent directement sur le distributeur; les schlamms provenant des labyrinthes sont chargés à la pelle dans une caisse C et mise en suspension dans l'eau qu'on y fait arriver, par le mouvement de palettes en fonte ou par tout autre moyen ; les eaux chargées se rendent sur le chevet de la table par le conduit *e*; une petite vanne *l*, qu'on lève ou qu'on abaisse, établit ou interrompt la communication; les tables que l'on construit ordinairement à côté l'une de l'autre, sont ainsi successivement alimentées par le conduit *e*. Quant à l'eau claire de lavage, les figures 3 et 4, qui représentent une disposition du Harz, montrent un canal D par où elle arrive; elle se distribue sur une petite roue G qui donne le mouvement à l'agitateur à palettes de la caisse C, à laquelle l'eau est fournie par le conduit *q*; elle se rend encore par le conduit *s* dans la caisse S d'où elle s'écoule en trop plein sur la table par un déversoir qui se trouve sous le distributeur. Des vannes placées dans les conduits en règlent le service.

Le travail du lavage s'exécute comme suit. L'ouvrier lève la vanne *l* et laisse couler l'eau chargée de schlamms jusqu'à ce qu'elle ait déposé sur la table une couche mince de matière. Tout ce qui dépasse le pied de l'appareil pendant cette période, se rend dans le canal P et est définiment perdu, si le minerai est pauvre.

La lavée étant étalée sur la table, l'ouvrier ferme la vanne l, il ouvre la fente c, si elle n'a été ouverte dès le commencement de l'opération, et fait arriver l'eau claire. Avec son râble en bois qu'il promène légèrement sur la matière, il remet en suspension les parties fines ou peu lourdes, qui entraînées par le courant se rendent dans la fente c. Il ouvre l'ouverture b, et recommence le même travail, en marchant du haut en bas de la table et en éliminant ainsi une nouvelle partie gangueuse mais plus riche que la précédente; ce qui reste alors sur la table est bon à fondre; le laveur ouvre la fente a et un aide avec un balai y fait tomber le minerai préparé. On referme les fentes et on recommence.

Les produits sont ainsi : du schlich et des catégories de schlamms pauvres ; mais on peut arriver aussi à y séparer des schlichs de natures différentes et à obtenir par exemple en une opération de la galène, de la blende et des schlamms à retravailler. Voici comment on exécute au Harz cette séparation (1). Elle s'applique aux matières qu'entraîne l'eau dans le travail aux caissons allemands d'un minerai très-blendeux.

On laisse arriver la lavée sur la table, on l'étend avec un râble, l'eau claire la lave; pendant ce temps les trois fentes sont fermées, ce qui s'écoule est perdu. On ouvre ensuite la troisième fente, la plus basse; l'ouvrier remue la matière avec son râble pour renouveler les surfaces ; il s'écoule alors des schlamms à retravailler. L'ouvrier ouvre la seconde fente, et, avec son balai qu'il promène vivement de droite à gauche et de gauche à droite, il fait descendre la matière jusqu'à la moitié de la table environ. Cette matière a une teinte

____

(1) *Revue universelle des Mines*, t. II, p. 520.

roussâtre, c'est de la galène mélangée, ou plutôt recouverte de blende; il faut les séparer. A cet effet, avec le bout de son balai qu'il promène dans le sens de la largeur de la table, l'ouvrier effleure la masse, soulève légèrement la couche supérieure dans le courant d'eau et autant que possible sans agiter la galène; la blende est mise en suspension par ce travail, le courant l'entraîne dans la deuxième fente, la teinte roussâtre du mélange disparaît peu à peu et la teinte bleuâtre de la galène apparaît. On ouvre enfin la première fente, et on y balaie ce qui reste sur la table. De ce travail on obtient ainsi :

1° Du schlich plombeux dans le premier canal ;

2° Du schlich blendeux dans le second canal ;

3° Des schlamms à retravailler dans le troisième canal ;

4° Des matières stériles, abandonnées.

Les dimensions des tables dormantes varient : on en construit de 6 à 7 mètres de longueur sur $1^m,15$ à $1^m,30$ de largeur; les dernières dont nous avons parlé ont jusqu'à 9^m de long; en Hongrie, où on s'en est servi pour remplacer les tables à secousses dans les ateliers où manquait la force motrice, on leur a donné $3^m,80$ de longueur sur $2^m,50$ de largeur. L'inclinaison est moyennement de 10 pour cent; elle devrait être d'autant plus forte que les sables à laver sont plus gros. La quantité d'eau de lavage qu'il convient d'employer dépend de l'état des schlamms et de la nature des gangues; on l'estime, en moyenne, à environ $0^m,02$ par minute.

TABLE TOURNANTE.

La table tournante, *Rotirenden Heerd* (1), dont les

(1) *Revue universelle des Mines*, t. III, p. 274.

premiers essais ont eu lieu au Harz en 1853, a la forme d'une surface conique convexe dont les génératrices présentent une inclinaison de 5 à 6 degrés. Elle est portée par un axe vertical en bois a, planche XV, de $0^m,30$ à $0^m,40$ de diamètre, dont l'extrémité inférieure, munie d'un pivot, tourne dans une crapaudine fixée dans le sol, tandis que l'extrémité supérieure peut tourner dans un anneau fixe. Cet axe porte une charpente composée de madriers horizontaux assemblés avec des bras obliques qui s'appuient par leur extrémité inférieure sur une armure en fonte qui garnit l'axe.

Sur cette charpente est établi le plancher de la table. Ce plancher mesure un diamètre à la base, de 16 à 18 pieds, soit de $4^m,60$ à $5^m,20$; on le trouve composé de deux parties, un plancher inférieur dont les pièces sont réunies par des clous en fer, et par-dessus un second plancher bien dressé, bien raboté et chevillé en bois.

L'axe porte à sa partie supérieure une roue dentée c horizontale qui engrène avec une vis sans fin commandée par l'arbre moteur. La table reçoit ainsi un mouvement de rotation dont on pourra varier la vitesse suivant les circonstances.

A la chute de la table et tout autour règne un canal d, d, fixe, en tôle, à section carrée de $0^m,15$ de largeur, établi sur des supports en bois $e\,e$. Ce canal, destiné à recueillir tout ce qui s'écoule de la table, est divisé en plusieurs compartiments, soit par des cloisons, soit par la forme même du fond, dont les inclinaisons en divers sens vers des canaux de sortie conduisent la matière à des bassins de réception. Dans la figure, des flèches indiquent les inclinaisons du fond et la marche des matières. Le bord de la table est garni d'une plaque de tôle verticale qui descend dans ce chenal.

Autour de l'axe et immédiatement au-dessus de la table se trouve un canal f, f divisé en deux comparti-ments, fig. 3 et 4, par deux cloisons verticales. Ce canal, qui ne touche ni l'axe ni la table, est suspendu à la charpente de l'atelier par des tringles en bois ou des fils de fer. L'un des compartiments comprend le quart environ du développement du canal et reçoit d'une con-duite inclinée g, g les eaux chargées des schlamms qu'il faut laver. L'autre compartiment, qui forme les trois quarts du canal, reçoit l'eau claire destinée au lavage.

Quelquefois les eaux chargées ont un distributeur particulier, tandis que l'eau claire a accès dans toute l'étendue du canal autour de l'axe. Cette disposition, que montrent les figures 1 et 2, est employée lorsque la nature de la gangue engage à faire usage d'une grande quantité d'eau.

Le fond, ou bien la paroi latérale et intérieure du canal autour de l'axe, est percé d'ouvertures qui livrent passage aux eaux des deux compartiments, lesquelles s'écoulent ainsi sur la table.

Nous considérerons d'abord le travail de la table et la disposition des accessoires qui aident à ce travail dans un cas simple, tel que la séparation de la galène et d'une gangue. Nous examinerons ensuite un travail plus compliqué, tel que la séparation de la galène, de la blende ou de la chalcopyrite et des gangues, ainsi que les variations que doivent subir avec les circonstances les éléments du travail.

Le minerai pulvérisé arrive directement du bocard, en-traîné par les eaux, ou bien on le remet en suspension dans l'eau dans des caisses où se meuvent des agitateurs.

Les eaux boueuses métallifères descendent, par un chenal incliné g, g, dans le compartiment qui généralement occupe le quart de la circonférence du canal autour de l'axe ; par les ouvertures que présente ce canal, ces eaux se répandent sur la table et couvrent à peu près le quart de sa surface. Mais la table tourne tandis que les canaux sont immobiles. La matière qui s'est déposée sur la table vient donc par la rotation se placer dans le courant d'eau claire qui s'échappe des trois quarts du canal autour de l'axe ; elle vient se faire laver par cette eau. Bien que la couche de matière ne soit pas épaisse, il est clair que le lavage serait accéléré et mieux fait, si on remuait légèrement cette matière, si on renouvelait les surfaces pour aider la gangue à se mettre en suspension dans l'eau de lavage et à se faire enlever par le courant. C'est à produire cet effet que sont occupés des balais, des brosses à soies longues et claires h,h', ou des râbles i,i mis en mouvement de va-et-vient par des tringles en bois qui prennent leur mouvement de l'axe moteur par l'intermédiaire d'un excentrique. Les premières eaux qui s'écoulent de la table de A en B n'entraînent que des matières légères qui seront retravaillées si elles en valent la peine, qui seront abandonnées si elles sont stériles. Elles se rendent par l'orifice o et le canal pp au lieu qui leur est destiné.

Dans la suite du lavage, des parties plus riches ont pu être entraînées par les eaux qui ne cessent de couler sur la matière à laver pendant que la table tourne ; il y a donc lieu de faire une seconde classe pour les matières entraînées par les eaux qui finissent le lavage, c'est-à-dire qui lavent la matière pendant que celle-ci est remuée par les râbles, brosses ou balais qui renouvellent les surfaces et livrent bien toute la masse à l'action du courant d'eau. Ces eaux, plus ou moins riches, se rendent par l'orifice r dans des réservoirs, ou bien directement aux tables dormantes où elles doivent être traitées.

La table, qui continue à tourner, transporte la matière au-delà de ces appareils; la gangue alors doit avoir été enlevée, le schlich seul doit rester sur la table : on l'aperçoit avec sa teinte bleuâtre. C'est un produit fini; il faut le recueillir, il faut le balayer et le faire tomber dans le compartiment C A du canal de ceinture qui lui est destiné. On emploie pour cette fonction une batterie de brosses l,l à soies raides et courtes qui appuient sur la table et reçoivent un mouvement de va-et-vient au moyen d'une tringle m qui s'attache à un excentrique porté par l'arbre moteur. Pour guider ce système et le maintenir contre la table, on peut faire emploi d'une pièce de bois c, c contre laquelle glisse la tringle bb qui porte la batterie et d'une autre pièce verticale f attachée au plafond et fixée par un anneau et un crochet à la tringle bb. Chaque fois que la batterie descend le long de la table elle balaie et fait descendre le schlich qu'elle rencontre. Quand la batterie remonte, le mouvement de rotation de la table ramène le schlich sous l'action des brosses, qui, redescendant, rabattent encore la matière et cela jusqu'à ce qu'elles la rejettent dans le compartiment C A du canal dd qui lui est destiné.

Cette batterie de brosses est remplacée dans les nouvelles tables par un tuyau en zinc n, n de $0^m,05$ à $0^m,06$ de diamètre, figures 5 et 6, placé suivant un rayon de la table et à $0^m,04$ ou $0^m,05$ au-dessus. Ce tuyau est percé de deux rangées de petits trous. Il est en communication par un tuyau vertical avec un réservoir d'eau. Cette eau, venant d'une certaine hauteur, 2^m environ, et se trouvant ainsi dans le tube balayeur sous une pression assez énergique, s'échappe avec force par les trous d'arrosoir ménagés dans la paroi de ce tuyau, vient frapper la table et la matière qui s'y trouve étalée, et rejette celle-ci vers le bas. La table qui tourne la ramène sous l'action de ce balai d'eau, qui la chasse de nouveau jusqu'à ce qu'elle soit enfin rejetée dans le compartiment du chenal de ceinture qui est réservée au schlich.

Si l'on jette un coup d'œil sur l'ensemble de ces opérations, on aperçoit aisément que la table tournante renouvelle dans tous ses détails le travail que l'on effectue sur la table dormante :

1° La matière se répand sur la table ; elle est lavée par l'eau claire ;

2° La gangue est mise en suspension dans l'eau, autant que possible, à l'aide de râbles ou de balais ; le lavage s'achève ;

3° La matière enrichie est balayée dans des réservoirs.

Enfin, on recueille séparément ce qui s'écoule des tables aux diverses époques du lavage.

La différence, différence importante, c'est que le travail sur la table dormante est intermittent et que toutes les manœuvres s'y font à main d'ouvrier, tandis que, sur la table tournante, tout le travail s'exécute mécaniquement dans une opération continue et sans cesse renouvelée. Ce sont là des caractères que l'on pourrait appeler les *desiderata* de toute la préparation mécanique. Ajoutons que le travail de nuit ne présente pas de difficulté sur une table tournante bien montée, tandis qu'il est impraticable sur les tables dormantes.

La continuité du travail se poursuit plus loin encore dans les ateliers où l'espace dont on dispose a permis d'établir un système de deux tables, tel que le montrent les figures 3 et 4.

Dans ce système, les eaux chargées de schlamms amenées par la conduite inclinée g, g se déversent sur la table par la partie p du chenal qui entoure l'axe. Les premières eaux qui s'écoulent de la table, de A en B, c'est-à-dire sur un développement qui embrasse à peu près une demi-circonférence, se rendent par l'orifice o et le canal q dans le déversoir de la seconde table. Dans ce nouveau travail où l'on traite le rebut de la première table, tout ce qui s'écoule de D en E, c'est-à-dire d'environ la moitié de la surface, est très-pauvre, on l'abandonne. La matière recueillie de E en G est retravaillée aux tables dormantes. Le reste du canal de ceinture de G en D reçoit un schlich qui peut être assez impur pour devoir être concentré de nouveau sur des tables dormantes. La pauvreté des substances lavées et recueillies sur cette seconde table éloigne tout projet de faire usage d'une troisième table, qui n'aurait, en tous cas, que très-peu de matières à traiter.

Au Harz, où l'on compte aujourd'hui douze tables tournantes en activité, dont deux simples et dix formant cinq systèmes de deux tables, on construira de préférence, dans la suite, des tables jumelles. Ce qui a empêché d'en employer partout, c'est l'espace restreint dont on disposait dans quelques ateliers.

Répandus dans tout le pays, ces appareils ont eu à traiter des minerais de différentes natures, et l'observation de la marche du travail a fait connaître quelques modifications qu'il est bon d'introduire dans des cas spéciaux. Nous passerons en revue ces modifications.

Les grandes tables mesurent 18 pieds ($5^m,20$) de diamètre ; les secondes tables des systèmes jumeaux ont 16 pieds ($4^m,60$). Bien que moins longues que les tables dormantes, les tables tournantes avec ces dimensions suffisent amplement au service ordinaire, et d'autant mieux que la seconde table fonctionne comme un prolongement direct de la première. Dans le traitement d'un minerai à gangue lourde, on a, comme essai, donné à la table une pente plus rapide que celle que nous avons indiquée; mais l'expérience a établi que, pour tous les cas, il était préférable de ne pas modifier l'inclinaison de 5°, attendu que, lorsqu'on a à enlever une gangue lourde, on peut suppléer à une augmentation de l'inclinaison en augmentant le courant de l'eau de lavage. C'est un point à régler dans chaque cas.

La matière que l'on traite sur les tables tournantes vient de la partie du labyrinthe nommée untergerenne, si le minerai est à gangue légère; mais si le minerai est à gangue lourde, on n'y traite alors que ce qui se dépose dans le labyrinthe à la suite de l'untergerenne.

La vitesse de rotation de la table varie avec la nature du schlamm. La durée d'un tour est comprise en 2 1/2 et 5 minutes. Plus la gangue est légère, plus son enlèvement sera facile (pourvu qu'elle ne soit pas argileuse), plus vite donc pourra-t-on marcher. La vitesse devra augmenter également avec la richesse du schlamm, ainsi qu'avec le degré de division de la matière.

Quant aux quantités d'eau claire et d'eau chargée qu'il convient de faire arriver sur la table, on a adopté, dans les circonstances générales, que ces eaux doivent être en quantité telle qu'elles se répandent en formant des ondulations, de petites vagues sur toute la longueur de la table. Mais on conçoit que la quantité des eaux claires de lavage devra toujours croître avec les difficultés d'enlever la gangue. Ainsi là où les minerais sont barytiques, on a multiplié les voies d'arrivée de l'eau. Les fig. 1 et 2, qui représentent une table tra-

vaillant de ces matières, montrent qu'on a réservé une
caisse particulière pour les eaux chargées, et que le
canal autour de l'axe est affecté en totalité au service de
l'eau de lavage. De plus, un canal en spirale s, s, suspendu au plafond de l'atelier et duquel l'eau s'écoule
en trop-plein, a été placé tout près de la surface de
la table, au-delà des râbles qui remuent la matière,
afin de laver complètement celle-ci; ce sont là des dispositions particulières.

On a essayé plusieurs outils destinés à renouveler
les surfaces des schlamms en lavage. On a employé
d'abord les balais des tables dormantes : ils sont cinq
ou six réunis à la suite l'un de l'autre, entre deux planchettes fixes disposées suivant un rayon de la table. La
matière, en passant entre les ramilles, est remuée,
mais ces ramilles, par leur grosseur, n'ont pas une
action étendue à toute la lavée, en même temps que
par leur roideur elles doivent user la table. Nous esti-
mons que ce moyen n'est pas le meilleur.

On fait usage d'une série de râbles en bois disposés
ainsi que le montrent les figures 1 et 2 en i, i, i. Le
manche de chaque râble, mobile autour de l'un de ses
points r, est attaché à une traverse $t\,t$ qui est elle-même
susceptible de tourner sur son axe et qui tourne par
l'intermédiaire du levier u et de la tige v, laquelle prend
son mouvement alternatif d'un excentrique placé sur
l'arbre moteur. Tout ce système de râbles est suspendu
par des tringles x, x au plafond de l'atelier. De cet
agencement il résulte que les râbles prennent sur la
table un mouvement de va-et-vient pour agiter la matière. Afin qu'ils ne fassent pas l'effet de racloirs, leur
manche est terminé par une petite boîte z dans laquelle
on place du sable ou de petites pierres de manière que

le poids de la tête étant équilibré, le râble ne fasse que poser légèrement sur la matière. Ces râbles ont de 15 à 20 mouvements d'aller et de retour par minute; leur course est de $0^m,22$.

Mais les outils de cette classe qui nous ont paru faire le meilleur service sont les brosses à longues soies. On en voit indiquées en h, h, h' dans les figures 2 et 4. Elles ont souvent 1^m à $1^m,30$ de longueur sur $0^m,10$ de largeur; les soies sont longues de $0^m,10$. Ces brosses sont ou fixes ou mobiles; ces dernières ont un point autour duquel elles peuvent tourner, tandis qu'à leur extrémité, une tige, un levier relié à une des pièces en mouvement, leur communique une oscillation qui aide au remuage de la lavée.

Selon la nature de la gangue, ces appareils devront être plus ou moins multipliés. Ainsi on voit des tables fort simplement garnies, sur lesquelles se trouve une seule brosse mobile à longues soies; cela peut suffire pour des gangues calcaires ou quartzeuses. Mais sur les tables où la séparation est plus difficile, avec de la barytine ou de la blende, par exemple, on réunit plusieurs de ces instruments, ainsi que le montrent les figures 2 et 4. La table des figures 1 et 2, où l'on traite un minerai à gangue barytique, est caractérisée par un grand afflux d'eau et par les râbles i, i, i et les brosses h, h à longues soies; tous ces derniers appareils sont destinés à renouveler les surfaces, à remettre la gangue en suspension dans l'eau pour la faire entraîner par le courant.

La dernière série d'instruments à examiner consiste dans les appareils balayeurs du schlich fini et bon à fondre. Dans le système de brosses à courtes soies employé à cet effet, les brosses sont en rangée simple ou

double ; elles ont 0ᵐ,25 de longueur sur 0ᵐ,10 de largeur ; leurs soies, de 0ᵐ,03 environ, sont roides. Les
brosses doivent être assez rapprochées pour que du
schlich lavé ne puisse jamais passer au-delà de la batterie. Cet appareil fait 90 mouvements de va-et-vient
par minute avec une course de 0ᵐ,22.

Les tuyaux balayeurs qu'on a récemment substitués
aux brosses, sont en zinc ; ils ont 0ᵐ,05 à 0ᵐ,06 de
diamètre ; ils occupent la position de la batterie de
brosses et se trouvent à 0ᵐ,03 ou 0ᵐ,04 au-dessus de
la table. Ils sont percés, sur deux lignes parallèles
distantes de 0ᵐ,004, d'un grand nombre de petits trous
d'un demi-millimètre de diamètre ; on en compte environ 25 par décimètre. Dans ces conditions, les jets
d'eau sont assez rapprochés pour empêcher tout passage du schlich au-delà du tuyau.

Entre ces deux moyens, les brosses et les tuyaux,
il faut choisir le dernier. Les brosses usent davantage
la table, et leur mouvement alternatif gêne sensiblement le mouvement de rotation de l'appareil. On ne
doit pas s'exagérer cependant les ravages que peut
exercer le frottement : ainsi une table du Harz a fonc-
tionné pendant deux ans sans nécessiter de réparations :
après ce temps on l'a simplement rabotée pour la remettre en état. On compte que les brosses mobiles
peuvent durer un an environ. L'influence du mouvement
des brosses sur le mouvement de la table est assez
notable, et, tout considéré, des expériences faites il y
a quelques mois à Freiberg sur une table d'essai, ont
déterminé l'adoption des tuyaux tels qu'on les a employés au Harz sur les tables dont la construction est
récente.

Les tuyaux encourent bien cependant quelques critiques. Il est nécessaire, pour qu'ils fassent un bon service, que l'eau qui les alimente soit bien claire. Sans cette condition, les corps qu'elles contiendraient pourraient obstruer les petits orifices de sortie, et suspendre ainsi, sur une plus ou moindre grande étendue, l'office du balayeur; dès lors, du schlich lavé passerait au-delà de cet appareil, et l'on serait exposé, dans le nouveau tour qu'entreprendrait cette matière, à en perdre une partie. Pour éloigner les chances de cette irrégularité de travail, on a disposé des filtres à la partie supérieure des tuyaux d'eau. Ces filtres sont formés d'une caisse en zinc ou en bois dont le fond est fermé par une toile métallique sur laquelle on place un lit de cailloux d'environ $0^m,10$ d'épaisseur; quelquefois ces filtres se composent de deux lits de cailloux et d'un troisième lit de crin.

Malgré ces soins, des obstructions ont encore lieu, et l'on voit alors se dessiner au-delà de l'appareil balayeur une ligne circulaire de galène; si cet appareil fonctionnait bien, la table au-delà devrait toujours être parfaitement lavée et entièrement exempte de toute espèce de matière. Pour éviter des pertes on doit surveiller l'état de l'arrosoir balayeur. Aussitôt qu'une ligne de galène accuse une obturation, un gamin, monté sur la table, passe trois ou quatre fois la main sur la partie obstruée, lave ainsi les orifices et rend au tuyau son entier effet.

Nous avons dit qu'on pouvait séparer sur les tables tournantes, et en une seule opération, la galène, la blende et les gangues. Les figures 3 et 4 représentent un système de deux tables qui donne ce résultat.

Les schlamms sont mis en suspension dans l'eau dans une caisse à agitateur H. De là s'écoulent les eaux chargées qui se rendent, par un canal incliné *g*, dans la rigole annulaire autour de l'axe et se répandent ensuite sur un quart environ de la surface de la table.

La table en tournant amène la matière qui s'est déposée sous le courant d'eau claire qui vient des trois quarts du canal annulaire. Cette matière rencontre bientôt une brosse à longues soies *h* qui reçoit un mouvement oscillatoire autour du point *b*. Les schlamms sont ainsi remués tandis que le courant d'eau claire ne cesse de les laver. Tout ce qui s'écoule de la table dans la partie du canal de ceinture, depuis le point A jusqu'au point B, est dirigé par l'inclinaison du fond vers l'orifice *o*, par lequel il se rend, en descendant le canal incliné *q*, dans la rigole annulaire autour de l'axe de la table inférieure.

L'observation montre que de la blende entraînée par les eaux de lavage occupe sur la table, vers le point B, à partir du bas, une zone d'une certaine hauteur. Le mouvement oscillatoire de la brosse *h*, en la remettant un instant en suspension, aide l'eau à l'entraîner dans la partie B C du canal de ceinture, tandis que la brosse fixe *c h* concourt à cet effet en arrêtant plus ou moins les parties de blende qui auraient pu se déposer de nouveau. La matière ainsi séparée se rend dans la caisse K. On conçoit que la position et la longueur de ces brosses doivent varier avec la manière dont la table est servie. S'il arrive par exemple que la quantité d'eau de lavage diminue, la blende n'aura pas été portée par l'eau dans la région de la table où se trouvent établies ces brosses, à moins cependant que le mouvement de rotation n'ait été ralenti. Il existe donc dans ces appareils plusieurs éléments qu'il faut combiner habilement et ajuster aux circonstances ; mais il est clair aussi que les dispositions seront d'autant plus avantageuses qu'elles autoriseront un mouvement de rotation plus accéléré sans nuire aux résultats du travail. Cette séparation de la blende n'est pas plus nette que celle que l'on obtient aux tables dormantes. De la galène en parties très-fines peut aussi avoir été entraînée ; on cherche à ressaisir cette galène en faisant écouler par le canal i, i, dans le second compartiment du canal de ceinture de la table inférieure , les eaux du réservoir à blende qui pourraient tenir ces parties riches et très-ténues en suspension ; la matière de ce compartiment est retravaillée aux tables dormantes.

Sur la grande table , au-delà de la brosse $C h$, la matière continue à être lavée par l'eau claire ; en l une brosse fixe de $0^m,90$ de long , en m une brosse mobile longue de $1^m,20$, aident enfin à terminer le lavage. Tout ce qui tombe dans le canal de ceinture depuis C jusqu'à F passe aux tables dormantes.

Le schlich lavé, étalé sur la table, et abattu par une batterie de onze brosses à soies courtes placées obliquement sur une tringle qui reçoit un mouvement de va-et-vient et dont la course est de $0^m,28$. Une douzième brosse fixe en n arrête ce que la batterie aurait pu laisser passer sur le bord de la table. Le schlich tombe dans le compartiment qui s'étend de F en A et se rend par l'issue p dans les réservoirs.

La seconde table traite, ainsi que nous l'avons dit, les premières eaux chargées qui s'écoulent de la table supérieure. Ces eaux, étant relativement pauvres, sont admises à se répandre sur cette seconde table par un tiers environ du canal circulaire autour de l'arbre. Tout ce qui tombe dans le canal de ceinture depuis D jusqu'en E est conduit par l'inclinaison du fond vers l'issue r ; cette matière est définitivement abandonnée comme stérile.

Depuis E jusqu'en G , la matière rencontre les deux brosses fixes h', h' de 1^m,15 et de 1^m de long , et est lavée par de l'eau claire ; ce qui tombe de la table dans cet espace est retravaillé aux tables dormantes. Le schlich, enfin, est abattu dans le compartiment CD par une batterie de huit brosses dont la course est de 0^m,24 et par la brosse fixe n'. Si ce dernier schlich n'était pas convenablement riche , on le concentrerait aux tables dormantes.

La quantité d'eau claire consommée par une table tournante varie dans de larges limites. La nature de la gangue, la grosseur du schlamm , sa richesse jusqu'à un certain point, influent notablement sur cette dépense. En se renfermant dans les circonstances ordinaires d'un gangue facile à enlever, d'un schlamm de grosseur moyenne, on peut évaluer l'eau nécessaire au lavage seulement à 2 ou 3 pieds cubes (0^{mᵌ},048 ou 0^{mᵌ},072) par minute, et la dépense de chaque tuyau balayeur à un pied cube (0^{mᵌ},024) environ, soit en tout 4 pieds cubes (0^{mᵌ},096). Lorsqu'au lieu de tuyau balayeur on fait usage d'une batterie de brosses, il est bon d'arroser celle-ci sur toute sa longueur; on peut employer à ce service 1/2 pied cube (0^{mᵌ},012) d'eau par minute.

Ces chiffres , nous l'avons dit , sont susceptibles de grandes variations. Ainsi, lorsqu'on travaille du minerai pauvre broyé très-fin, il faut le traiter avec ménagement; on ne doit employer que peu d'eau dans la crainte d'enlever le schlich qui est très-menu, et, pour un système de deux tables, 5 pieds cubes (0^m,ᵌ12) environ par minute peuvent suffire, tandis que s'il s'agit de laver un schlamm à gangue fortement barytique, des dispositions particulières doivent être prises : le canal autour de l'axe est entièrement consacré à l'eau claire, un autre canal en spirale, suspendu au-dessus de la table, double l'afflux d'eau vers les derniers instants du lavage, les brosses enfin sont encore arrosées, si bien que la dépense totale pour cette seule table peut s'élever à 8 pieds cubes (0^{m3},192) par minute.

Des expériences comparatives ont été faites au Harz (1) simultanément sur les tables tournantes et sur les tables dormantes ; les résultats que nous allons donner renseigneront sur la quantité de schlamms que l'on traite aux appareils nouveaux ainsi que sur la richesse du schlich qu'on y obtient.

Les essais ont eu lieu sur une table tournante, comparativement au travail de trois tables dormantes. Les minerais travaillés sur ces tables provenaient de différentes mines ; les uns étaient à gangue quartzeuse, les autres à gangue blendeuse. On a travaillé sur les deux espèces d'appareils la même quantité de schlamms ; on pesait la matière à travailler, et l'on constatait son degré d'humidité par une prise d'essai. Cette humidité ayant été soustraite, on s'est trouvé avoir soumis à chaque classe d'appareils 15168 kil. de schlamms secs.

Après un premier travail de ces schlamms bruts, on a retravaillé sur chaque appareil les matières qui s'étaient déposées dans les canaux ainsi que dans les deux premiers bassins de dépôt. Le temps employé à ce travail a été ajouté au temps du premier travail. On a additionné de même les produits des deux opérations. Sur la table tournante on a occupé un ouvrier ; les trois tables dormantes ont été desservies par trois ouvriers.

(1) *Berg und hüttenm. Zeitung*, 1854, n° 1.

La durée du travail pour le lavage des 15000 kil. et
pour le second lavage appliqué aux dépôts a été, en
multipliant bien entendu par le nombre d'ouvriers le
nombre d'heures de travail des trois tables dormantes :

Pour la table tournante . . . . . 86 heures.
Pour les trois tables dormantes. . 609 »
En plus pour les tables dormantes. 523 »
On a

$$86 : 609 : : 1 : 7,08.$$

Il y a donc eu sept fois plus de main-d'œuvre dans le
travail aux tables dormantes ; en d'autres termes, pour
le travail des sables fins, une table tournante équivaut
à sept tables dormantes.

Comparons actuellement la quantité et la qualité des
produits.

La production du schlich évalué sec a été comme suit :

Pour la table tournante . . . . . . 1642 kil.
Pour les trois tables dormantes. . . 1863 »

En moins pour la table tournante . . 221 kil.

La moyenne des trois analyses a donné, pour le contenu métallique de ces schlichs, les chiffres suivants :
Pour le schlich de la table tournante :

Argent. . . . . . . $1^k,460$
Plomb . . . . $1003^k,53$

Soit pour cent : 61 de plomb et 0,088 d'argent.
Pour le schlich des trois tables dormantes :

Argent . . . . $1^k,455$
Plomb . . . . $969^k,22$

Soit pour cent : 52 de plomb et 0,078 d'argent.
La table tournante a donc donné un schlich plus

riche, et en somme elle a fourni, en plus que les trois tables dormantes :

$$\text{Argent} \ldots \ldots \ldots \ldots 0^k,\!005$$
$$\text{Plomb} \ldots \ldots \ldots \ldots 34^k,\!31$$

Il faut mentionner que la matière qui a été retravaillée était en moindre quantité pour la table tournante que pour les tables dormantes. Tandis que ces dernières ont donné pour cette seconde opération 6279 kil. de schlamms secs, contenant $0^k,\!376$ d'argent et 129 kil. de plomb, la table tournante n'a donné dans les premiers bassins dont la matière a été retravaillée que 3624 kil. de schlamms secs, contenant $0^k,\!175$ d'argent et 67 kil. de plomb. Ce fait constitue un avantage pour la table tournante.

Après le second lavage appliqué aux dépôts les plus riches de la première opération, on a réuni les boues de tous les bassins de dépôt pour chaque appareil ; on a trouvé les chiffres suivants :

Pour la table tournante 11945 kil. de schlamms secs renfermant $0^k,\!730$ d'argent et 221 kil. de plomb ; pour les trois tables dormantes, 10311 kil. de schlamms secs renfermant $0^k,\!659$ d'argent et 240 kil. de plomb. Il faut donc constater que, pour les tables dormantes, une partie de la matière a été entraînée au-delà des bassins de dépôt et entièrement perdue.

Pour compléter l'expérience on aurait dû traiter de nouveau ces résidus, mais la quantité dont on disposait n'aurait pas permis d'obtenir des résultats convenablement exacts. On s'est borné à ajouter leur richesse en métal, déterminée au laboratoire, aux quantités déjà obtenues par l'analyse des schlichs, et on a trouvé :

Pour la table tournante :

$$\text{Argent.} \ldots \ldots \ldots \quad 2^k,\!190$$
$$\text{Plomb} \ldots \ldots \ldots \quad 1224^k,\!559$$

Pour les trois tables dormantes :

Argent . . . . 2^k,114
Plomb . . . . . . 1208^k,874

En plus, pour la table tournante :

Argent . . . . 0^k,076
Plomb. . . . . 15^k,685.

A la suite de ces expériences, on a construit au Harz plusieurs tables tournantes ; leur nombre s'élève aujourd'hui à douze ; il s'élèvera encore, et les tables dormantes n'en seront plus que l'accessoire. Postérieurement, ces appareils ont été introduits dans la préparation mécanique de Freiberg, dans plusieurs ateliers des provinces rhénanes et en Belgique tout récemment, aux ateliers de Bleiberg.

— Pendant tout le travail de concentration des sables et des schlamms que nous venons de passer en revue, il n'est pas possible d'éviter une perte notable en particules de minerai utile qui sont entraînées par les eaux, avec les matières stériles qu'on se propose de rejeter, et en présence de ce vice inhérent au mode de lavage sur les tables, on ne peut manquer de se poser cette question : jusqu'à quel degré d'enrichissement convient-il de travailler un minerai donné ? A quel degré de préparation devient-il préférable de livrer à l'usine un schlich de moindre teneur, plutôt que de l'enrichir encore au prix d'une perte inévitable en matière utile ?

La solution de cette question dépendra dans chaque cas, du prix du métal, du taux de la main-d'œuvre, des frais du traitement métallurgique d'un minerai de plus ou moins grande richesse et de l'influence qu'y peuvent avoir les gangues du minerai brut.

Dans tous les cas, et ainsi que nous l'avons dit maintes fois, le travail devra toujours être organisé de manière à extraire le plus possible de bon minerai en fragments ou en grenailles et à faire le moins possible de sables et de farines, surtout avec des minerais fragiles et une gangue résistante. Ce n'est que lorsque la dissémination le commandera, qu'il faudra amener la matière à un grand état de division, et il est, du reste, à remarquer que cette dissémination se rencontre bien plus rarement avec les métaux ordinaires, l'étain excepté, qu'avec les métaux précieux.

En tout état de choses, la perte aux laveries sera en raison directe du degré de richesse auquel on portera les produits lavés.

CHAPITRE ADDITIONNEL.

LAVAGE DE LA HOUILLE.

Bien que nous ayons accordé une certaine étendue à la préparation mécanique des minerais, cette étude n'est pas épuisée. Des traitements particuliers devront être exposés dans le cours de cet ouvrage. Le lavage de la houille est de ce nombre et mérite un article spécial. Les appareils qu'on y emploie pourront d'ailleurs être examinés rapidement s'ils se rapprochent de ceux qui ont été décrits antérieurement, ils seront l'objet d'un examen plus détaillé lorsqu'ils présenteront quelque caractère nouveau.

Le lavage de la houille a pour but de débarrasser le combustible des schistes, des pyrites et des matières terreuses qui altèrent plus ou moins sa qualité. Cette opération est souvent nécessaire pour l'obtention de bons cokes, pour les usages de la forge et la fabrication des combustibles agglomérés.

A un point de vue relatif, la difficulté du travail
dépend de la densité des schistes ainsi que de la quantité de matière argileuse dont la présence détermine
une agglutination qui entrave plus ou moins l'opération. Toutefois, le classement suivant la grosseur des
fragments perd ici de son importance, à cause de la
différence des densités de la houille et des schistes,
relativement à la différence de celles des minerais de
plomb et des minerais de zinc.

CRIBLE A PISTON.

Les cribles généralement usités pour le lavage de la
houille menue sont, sauf les dimensions, de la forme
de ceux que nous avons décrits sous le nom de cribles
à piston latéral. (Voir fig. 6 et 7 de la planche IX.)
Ils sont mus soit à la main, soit par une machine. La
caisse où se trouve le tamis mesure de $1^m,10$ à $1^m,50$
de côté. Le piston n'a quelquefois que 1^m sur $0^m,50$ ou
$0^m,60$ de largeur. Lorsque l'eau dont on fait usage est
corrosive, le tamis est en fils de laiton. A $0^m,10$ environ au-dessus de la toile métallique a, a est placée une
grille b, b formée de barreaux très-écartés.

Sur un appareil de $1^m,50$ de côté, on charge environ
1 1/2 hectolitre de houille menue à chaque opération.
On donne le mouvement au piston : à chaque coup,
l'eau soulève les matières de $0^m,02$ à peu près. L'ouvrier remue le charbon pour faciliter la descente des
schistes, il cesse un peu avant la fin du lavage. Après
un nombre de coups de piston qui peut varier entre 20
et 60 selon la propreté de la houille et les soins du
lavage, le schiste est séparé ; il repose sur la maille ;
la houille épurée forme la couche supérieure et peut
être ramassée à la pelle lorsqu'elle s'élève au-dessus de

la grille à barreaux écartés. Lorsque le schiste lui-même atteint ce niveau, on l'enlève entièrement.

En 10 heures de travail, on peut laver de 7000 à 10000 kil. de houille. Le déchet varie de 10 à 20 p. 100. La quantité d'eau dépensée est de 25 p. 100 du poids de la houille lavée.

CAISSON ALLEMAND.

Ce lavoir à eau courante a notablement perdu faveur pour le lavage de la houille. On en a construit qui se composent d'une caisse mesurant 5^m de longueur, 0^m,80 de largeur et 0^m,50 de profondeur. Le fond est incliné de 0^m,10 à 0^m,12 par mètre. Le chevet est formé de deux petits planchers de 1 mètre de longueur, trapézoïdaux, en gradins, et inclinés en sens inverse du courant d'eau. La matière est chargée sur le plancher supérieur, on l'y agite dans l'eau courante, les schistes y restent, la houille est entraînée sur le second plancher qui est moins incliné contre le courant que le premier. Là s'arrête un mélange de schistes légers et de houille qui est repassé au premier plancher; quant à la houille elle est entraînée et se dépose dans la longue caisse à la suite.

On reproche à cet appareil de donner des résultats très-variables, par la raison que le travail dépend surtout des soins de l'ouvrier, de l'attention qu'il apporte à régler convenablement la vitesse du courant.

En 10 heures de travail effectif avec deux ouvriers, on lave à cet appareil 12.500 kil. de houille. La quantité d'eau employée est considérable, elle s'élève à 30 mètres cubes par jour.

Le lavoir à eau courante de Sclessin a 7^m de longueur; il est divisé en quatre compartiments par des cloisons : le premier mesure 0^m,80 de largeur, les trois autres 1^m,40 ; le fond présente une inclinaison de 0^m,03.

On jette la houille à la pelle au sommet de l'appareil où arrive un courant d'eau qui l'entraîne. Le premier compartiment reçoit les schistes et les morceaux de charbon les plus gros ; des parties moins lourdes se déposent dans le second ; ces matières passent à une seconde épuration ; le charbon épuré se trouve dans le troisième et le quatrième compartiments. A l'extrémité, une cloison en osier laisse passer l'eau et retient le charbon. A Commentry, des lavoirs analogues ont 10 mètres de longueur, et 0^m,70 de largeur et de profondeur ; ils sont divisés en trois compartiments. M. de Marsilly estime leur consommation d'eau à 60 mètres cubes par journée.

Le charbon lavé aux caisses retient toujours une notable proportion d'impuretés.

APPAREIL BÉRARD.

M. Aristide Bérard a pris le soin de décrire lui-même les appareils (1) dont il est l'inventeur. Nous ne pouvons mieux faire que d'user de ses descriptions en y ajoutant les modifications qui ont été introduites dans le laveur de ce système qui se trouve actuellement aux usines de l'Espérance à Seraing.

L'appareil se compose, au complet, d'un broyeur et d'un laveur. Il est représenté dans la planche XVI.

Le charbon venant de la mine, et dont on a retiré les gros blocs, est souvent jeté sur une grille fixe inclinée à 45° et formée de barreaux espacés de 7 à 8 centimètres : les gros morceaux sont ainsi éliminés. Tout

(1) *Annales des Mines*, 5e s., t. IX, p. 147.

ce qui doit passer à l'épuration doit être ensuite réduit à un état convenable de division. Lorsqu'on tient à faire passer au lavage la totalité de l'extraction, il est nécessaire de briser tous les gros morceaux pour les amener à la grosseur voulue. Dans ce cas, le charbon est amené de la mine sur une estacade et le wagon est déchargé dans une trémie T; il tombe sur une grille de classement à secousses et formée de châssis ou de plaques perforées étagées, qui le divisent en autant de grosseurs plus une qu'il y a de plaques.

Cette grille à secousses est suspendue par quatre chaînes ou tringles en fer fixées à la charpente de l'estacade; elle est poussée par une disposition de came et de mentonnet bien visible dans la figure, elle retombe ensuite en vertu de son poids contre des taquets et reçoit ainsi des secousses favorables au dégagement des trous et à la descente des matières. Les gros fragments rejetés par la première plaque A A, tombent sur la table de triage B B, où un ouvrier sépare du charbon les grosses pierres et les corps étrangers tels que des débris de fer et de fonte; de là le charbon est chargé directement dans des wagons s'il doit être livré au commerce; si, au contraire, il doit être broyé, quelques coups de masse suffisent pour le faire passer à travers la grille et le livrer aux broyeurs. Le second numéro de la grille à secousses se rend directement aux broyeurs et la partie fine va dans la fosse C où elle sera reprise pour passer au lavage.

Les broyeurs sont des cylindres cannelés. M. Bérard conseille de commander le mouvement de chaque cylindre par une courroie au lieu d'employer des engrenages. Le recul du cylindre mobile s'effectue à l'aide d'un palier à coulisse. Une vis d'arrêt, faisant buttoir, sert à régler l'écartement. Le cylindre mobile est maintenu dans sa position normale par une pression exercée sur les deux paliers à coulisse. Le ressort qu'a choisi M. Bérard pour exercer cette pression variable, consiste en un certain nombre de boules en caoutchouc logées dans un petit cylindre en fonte, maintenues à l'une des extrémités du cylindre par un piston formant le buttoir mobile et à l'autre extrémité par un arrêt entrant dans le cylindre ; on presse l'arrêt à l'aide d'une vis pour comprimer les boules et fixer comme il convient leur force d'élasticité. Le produit du broyage tombe dans la fosse C.

À l'Espérance, où on a supprimé les cylindres broyeurs, le menu est versé directement dans la fosse C.

Un élévateur E E formé d'une chaîne sans fin à godets, puise le charbon dans le fond de la fosse pour le déverser dans l'appareil laveur, placé à une hauteur suffisante pour que le chargement ultérieur du charbon lavé puisse s'opérer directement dans des wagons.

Lorsque l'appareil est à plusieurs bacs laveurs, le charbon déversé par l'élévateur tombe sur un classificateur qui le répartit en différentes grosseurs et le distribue aux bacs ; lorsque l'appareil est à un seul bac, il n'y a pas de classement préalable et le produit du broyage tombe directement dans le bac à piston.

Le bac de setzage où se fait l'épuration est formé d'une caisse rectangulaire F F' dont une partie du fond est inclinée à 45°. Contre un des petits côtés du rectangle est appliqué un cylindre venu à la fonte avec la plaque : il débouche dans la caisse rectangulaire vers la moitié de sa hauteur en s'élargissant dans le bas à sa jonction avec la face plane, de manière à occuper à peu près toute sa largeur. La caisse F' se prolonge sous le cylindre, afin d'augmenter la stabilité du système et la capacité du réservoir dont l'utilité sera signalée. La face opposée à celle où est appliqué le cylindre, s'arrête à une hauteur moindre que les autres.

Un châssis en fonte G G' est solidement fixé dans l'intérieur du bac sur des rebords venus à la fonte des faces verticales, il présente une légère inclinaison de G vers G'. Il est recouvert d'une plaque perforée, ordinairement en cuivre, retenue au châssis par de nombreuses agrafes à boulon faciles à remplacer ; les trous de la plaque ont de 1 à 3 millimètres.

Une traverse en fonte H est fixée à une petite hauteur au-dessus du châssis ; elle porte une vanne I à l'aide de laquelle on peut intercepter à volonté l'ouverture sous la traverse. Une contre-vanne J est établie à l'extrémité inférieure du châssis ; en la relevant, on forme un barrage de hauteur variable et qui peut arrêter les matières entre la vanne et la contre-vanne.

Un piston K reçoit de la machine un mouvement assez rapide de va-et-vient.

Tout étant ainsi disposé, si on suppose le bac rempli d'eau jusqu'au niveau du bord de la face antérieure en L, et que les matières à épurer remplissent dans le bac l'espace compris entre ce niveau et la plaque perforée, le mouvement du piston en se transmettant à l'eau, provoquera le soulèvement de ces matières suivi de leur chute et déterminera, d'après les lois qui ont été établies, une séparation suivant les pesanteurs spécifiques : la houille occupera la partie supérieure, le schiste, la pyrite et les autres substances étrangères se tiendront sur la plaque perforée.

L'arrivée des matières est continue, la chaîne à godets ne cesse de verser le charbon à laver dans une trémie qui le conduit dans le bac. Pour désagréger la masse, pour permettre à l'eau de la pénétrer et faciliter la séparation des matières de nature différente, on a placé devant l'arrivée du charbon, un agitateur à mouvement circulaire et formé d'un axe qui porte des dents en fer. L'évacuation des produits du lavage est également rendue continue par les dispositions suivantes.

En admettant qu'une certaine quantité de schiste est déjà accumulée sur la plaque perforée, si on suppose la vanne 1 soulevée d'une hauteur suffisante pour livrer passage sans aucune difficulté aux plus gros fragments, à la faveur du mouvement du piston, les chistes passeront par l'ouverture ménagée sous la vanne; ils seront ensuite arrêtés par la contre-vanne jusqu'à ce que la colonne de schiste qui ne cesse de s'élever, permette le déversement par-dessus cette cloison. Les schistes tombent alors dans le réservoir M, d'où on les fait sortir en ouvrant une vanne N. Pressés par la colonne d'eau supérieure, ils glissent avec un petit mélange d'eau sur le plan incliné O O' qui peut être percé de petits trous ; l'eau se sépare et le schiste tombe directement dans le wagon de décharge. A l'appareil de l'Espérance, on a ajouté dans le bac au-dessus de la plaque perforée, un petit cylindre vertical dans lequel se meut un flotteur qui indique le niveau des schistes et sur lequel l'ouvrier se règle pour ouvrir la vanne d'issue.

Une pompe introduit directement de l'eau dans le bac et le charbon épuré sort en trop plein par le côté opposé à la vanne. Ce charbon est repris par l'élévateur E', E' qui le jette dans un wagon. Les eaux sales qui sortent de l'appareil se rendent dans des bassins où elles laissent déposer les poussières de houille qu'elles ont entraînées.

Le dépôt qui se forme au fond du bac est évacué pendant la marche par l'ouverture de la vanne P placée à la partie inférieure. Une porte *e* servant de trou d'homme est réservée pour le cas de réparations intérieures sans qu'il y ait besoin d'enlever le châssis.

La plaque de l'arrière à laquelle est fixé le cylindre du bac, offre un appui solide à l'établissement du cylindre moteur. C'est sur le côté de cette plaque et sur le flanc du bac qu'est fixé verticalement le cylindre à vapeur. La bielle de la machine motrice transmet directement le mouvement de rotation à l'arbre placé au-dessus du cylindre du bac, lequel est supporté par deux chevalets reposant sur des pattes venues à la fonte de ce cylindre et de la plaque d'arrière. L'arbre moteur porte à la fois le volant et toutes les commandes de mouvement, savoir : au piston du bac par un coude, à la grille à secousses, aux broyeurs et aux deux élévateurs par des poulies. Tout l'espace est parfaitement utilisé. La tige du piston à vapeur traverse le fond inférieur de son cylindre, et cette extrémité est transformée en piston plein de la pompe d'alimentation de l'appareil. Cette pompe est fixée aussi contre le flanc du bac, au-dessous et dans le prolongement du cylindre à vapeur. L'eau, foulée par la pompe, est introduite directement dans le bac ; un robinet de trop-plein sert à régler la quantité.

Un appareil à un bac peut opérer sur 70 à 100 tonnes en dix heures de travail, suivant la nature du charbon, en employant une force motrice de quatre chevaux environ.

On y dépense environ 200 litres d'eau par tonne de houille brute.

Il résulte d'expériences comparatives faites par une

commission d'ingénieurs dans le bassin de la Loire que le prix de revient du lavage de 100 kil. de houille brute a été: pour le crible à piston, de $0^{fr},077$; pour le lavoir à courant d'eau, de $0^{fr},0369$; pour le lavoir Bérard à un bac, de $0^{fr},0379$. Avec ce dernier appareil l'épuration était notablement plus complète.

APPAREIL MEYNIER.

Après ce que nous avons dit déjà du lavage de la houille, il suffira de quelques mots pour indiquer les dispositions de cet appareil, le dernier que nous examinerons.

Le laveur du système Meynier se compose d'une caisse à dépôt ordinaire. Le tamis, qui repose sur un axe, est maintenu horizontal et fixe pendant le travail au moyen de deux contrepoids; ces contrepoids permettent de l'incliner vers une porte d'issue, lorsqu'on veut évacuer les schistes qui se déposent. Une des parois de la caisse est moins haute que les autres et sert de déversoir aux matières expulsées par le mouvement de l'eau. La caisse sous le tamis est en communication par un tuyau avec un corps de pompe dont le piston y envoie, à chaque descente, l'eau qui opère la séparation suivant les densités.

La houille à laver descend sur la toile métallique par une trémie continûment alimentée par une chaîne à godets. L'eau refoulée par la pompe dans la caisse de lavage, soulève la matière sur le tamis et la classe; de plus, à chaque refoulement, une partie de l'eau débordant par dessus le plus bas côté de la caisse, s'écoule au-dehors sur une claire-voie inclinée, formée d'une toile métallique très-fine, en entraînant chaque fois de la houille lavée. Ainsi l'expulsion du produit fini est continue. Quant aux schistes qui se déposent sur le tamis, aussitôt que l'ouvrier s'aperçoit que leur niveau s'élève jusqu'au déversoir, ce qui peut arriver tous les quarts d'heure ou toutes les demi-heures selon la pureté de la houille, il ouvre une porte qui se trouve dans la paroi de la caisse au-dessous du tamis, et en faisant jouer les contrepoids qui maintiennent celui-ci, il incline le tamis vers la porte et fait ainsi tomber au-dehors le schiste accumulé.

On accouple ordinairement les lavoirs, qui sont servis alors par deux pompes recevant alternativement leur mouvement du moteur.

Un appareil du système Meynier fonctionne aux établissements de John Cockerill, à Seraing.

Des divers procédés de fabrication du fer, par *Auguste Gillon*, élève ingénieur à l'Ecole des Arts et Manufactures et des Mines annexée à l'Université de Liége. Mémoire couronné au concours universitaire de 1850-51. (Sciences naturelles. Métallurgie.)— 1 vol. grand in-8° orné de 6 planches.

De la fabrication de la fonte et du fer au moyen des gaz ou transformation des minerais par l'emploi indirect des combustibles, par *A. Gurlt*, ingénieur des Mines, etc. — 1 vol. in-8° avec planche.

Traité de l'exploitation des mines, par *Ch. Combes*, ingénieur en chef des mines, professeur d'exploitation à l'Ecole royale des mines. — 3 vol. in-8° et atlas in-folio de 68 planches.

Traité de la législation des mines, des minières, des usines et des carrières, en Belgique et en France ou Commentaire théorique et pratique de la loi du 21 avril 1810 et des lois et règlements qui s'y rattachent par *Aug. Bury*, avocat à la Cour d'appel de Liége. — 2 vol. in-8°.

Dictionnaire de législation, de jurisprudence et de doctrine en matière de mines, minières, carrières, forges, hauts fourneaux, tourbières, usines métallurgiques, etc., contenant par ordre chronologique et sous forme analytique, les lois, règlements, décrets, ordonnances royales, arrêtés, avis du Conseil d'Etat et du Conseil des Mines, ainsi que les décisions fjudiciaires et administratives intervenues en France et en Belgique, depuis 1810 jusqu'en 1857, par *un avocat à la Cour d'appel de Liége*. — 1 fort vol. in-8°.

Traité de chimie appliquée aux arts, par *M. Dumas*, membre de l'Institut royal (Académie des sciences) et de l'Académie royale de médecine, professeur à l'École centrale des Arts et Manufactures, etc., etc. — 8 vol. in-8° et deux atlas in-folio de 148 planches.

Partie inorganique seule. — 4 vol. in-8° et atlas in-folio de 74 planches.

Précis de chimie, concernant l'extraction des résines, des térébenthines et leurs produits, la fabrication du gaz à la résine, des vernis, des toiles cirées, de l'asphalte; le caoutchouc et ses applications, la préparation de la colle-forte et de la gélatine; le tannage et les diverses préparations que l'on fait subir aux peaux, par *le même*. — 1 vol. in-8°.

Précis de l'art de la teinture, matières colorantes, teintures, préparation des laines, teinture des laines, de l'impression sur étoffe, etc., par *le même*. — 1 vol in-8°.

De l'éclairage au gaz. L'éclairage au gaz à l'eau, à Narbonne, et l'éclairage au gaz Leprince, examinés et comparés à l'éclairage au gaz de houille ordinaire. Emploi du gaz comme moyen de chauffage, données sur son prix de revient, etc. ; par le docteur *B. Verver*, professeur de chimie et de physique à l'Athénée royal de Maestricht, etc. — 1 vol. in-8° orné de vignettes dans le texte.

ESSAI PRATIQUE SUR LA CONSTRUCTION DES PONTS OBLIQUES à appareil
hélicoïdal, mis à la portée des entrepreneurs et appareilleurs,
par *E. Ormières*, entrepreneur de travaux publics et dessi-
nateur-architecte. — 1 vol. in 8° orné de 7 grandes planches.

TRAITÉ DE LA CONSTRUCTION DES PONTS, par *M. Gauthey*, inspec-
teur général des ponts et chaussées, publié par *M. Navier*,
ingénieur en chef des ponts et chaussées, membre de l'Institut
de France (Académie des sciences), professeur d'analyse et
de mécanique à l'École polytechnique, 3e édition. — 3 vol.
in-4° ornés de 37 planches.

MÉMOIRE SUR LES TERRAINS ARDENNAIS ET RHÉNAN de l'Ardenne,
du Rhin, du Brabant et du Condroz, par *M. A. H. Dumont*,
professeur de minéralogie et de géologie à l'Université de
Liége, membre de l'Académie royale de Belgique, etc., etc.
— 1 fort vol. in-4°.

TABLEAUX ANALYTIQUES DES MINÉRAUX ET DES ROCHES, par *le même*.
— 1 vol in-4°.

TRAITÉ DE MÉCANIQUE INDUSTRIELLE exposant les différentes
méthodes pour déterminer et mesurer les forces motrices,
ainsi que le travail mécanique des forces, par *J. V. Poncelet*,
colonel du génie, membre de l'Institut de France (Académie
des Sciences), professeur de mécanique physique et expé-
rimentale à la Faculté des Sciences de Paris, etc. 2e édition
entièrement corrigée et contenant un grand nombre de considérations nouvelles. — 2 vol. in-8° ornés de 28 planches.

TRAITÉ DE MÉCANIQUE APPLIQUÉE AUX MACHINES, par *le même*.
3e édition. — 2 vol. in-8° ornés de 25 planches.

AIDE-MÉMOIRE DE MÉCANIQUE PRATIQUE à l'usage des officiers d'artillerie et des ingénieurs civils et militaires, par *Arthur
Morin*, chef d'escadron d'artillerie, professeur de mécanique
industrielle au Conservatoire des arts et métiers, etc. 4e édit.
augmentée. — 1 vol. in-8° orné de 3 planches.

MÉMOIRE SUR LA PILE GALVANIQUE et sur la manière dont elle
opère les décompositions des corps, par *M. Martens*, docteur
en sciences et en médecine, professeur de chimie à l'Université de Louvain. — 1 vol. in-4°.

MÉMOIRES SUR QUELQUES TRANSFORMATIONS GÉNÉRALES DE L'ÉQUA-
TION FONDAMENTALE DE LA MÉCANIQUE, par *M. Pagani*.— 1 v. in-4°.

ESSAI D'UN COURS DE MATHÉMATIQUES à l'usage des élèves de
l'Athénée royal de Liége, par *H. Forir*, professeur de mathématiques au dit Athénée, chevalier de l'Ordre-Léopold.

ARITHMÉTIQUE. 10e édition. — 1 vol. in-8°.

ALGÈBRE. 5e édition. — 1 vol. in-8°.

GÉOMÉTRIE. 2e édition. — 1 vol. in-8° orné de pl.

EXERCICES D'ARITHMÉTIQUE. — 1 vol. in-12.

—   D'ALGÈBRE. — 1 vol. in-12.

MÉMOIRE SUR LE DELPHINORHYNQUE MICROPTÈRE échoué à OSTENDE,

par *B. C. Dumortier*, membre de la Chambre des représentants, etc. — 1 vol. in-4° orné de 3 planches.

EXERCICES ZOOTOMIQUES, par *P. J. Van Beneden*, membre correspondant de l'Académie des sciences et belles-lettres de Bruxelles, professeur à l'Université de Louvain. — 1 vol. in-4° orné de 4 planches.

RECHERCHES SUR L'EMBRYOGÉNIE, L'ANATOMIE ET LA PHYSIOLOGIE DES ACIDIES SIMPLES, par *P. J. Van Beneden*, professeur à l'Université catholique de Louvain. — 1 vol. in-4° orné de 4 planches.

DESCRIPTION DES FOSSILES DES TERRAINS SECONDAIRES DE LA PROVINCE DE LUXEMBOURG, par *M. F. Chapuis*, docteur en médecine et en sciences naturelles, et *M. G. Dewalque*, docteur en médecine, préparateur de physiologie à l'Université de Liége. — Mémoire couronné par l'Académie royale de Belgique. — 1 vol. in-4° orné de 38 planches.

TABLEAU SYNOPTIQUE ET SYNONYMIQUE DES ESPÈCES VIVANTES ET FOSSILES DE LA FAMILLE DES ARCACÉES, avec l'indication des dépôts dans lesquels elles ont été recueillies, par *M. H. P. Nyst*, membre de l'Académie royale des sciences, des lettres et des beaux-arts de Belgique, etc. — Première partie : GENRE ARCA. — 1 vol. in-4°.

RECHERCHES POUR SERVIR A LA FLORE CRIPTOGAMIQUE DES FLANDRES, par *J. Kickx*, professeur de botanique à l'Université de Gand, membre de l'Académie, etc. — *Troisième centurie.* — 1 vol. in-4°.

RECHERCHES SUR LE MOUVEMENT ET L'ANATOMIE DU STYLE DU GOLDFUSSIA ANISOPHYLLA, par *Ch. Morren*, docteur en sciences et en médecine, professeur ordinaire de botanique à l'Université de Liége, membre de l'Académie, etc. — 1 vol. in-4° orné de 2 planches.

MÉMOIRE SUR LA FORMATION DE L'INDIGO dans les feuilles du polygonum tinctorium, ou renouée tinctoriale, par *le même*. — 1 vol. in-4° orné de 1 pl. col.

CATALOGUE DES PRINCIPALES APPARITIONS D'ÉTOILES FILANTES, par *A. Quetelet*, directeur de l'Observatoire de Bruxelles, etc. — 1 vol. in-4°.

SUR L'ÉTAT DU MAGNÉTISME TERRESTRE à Bruxelles pendant les douze années de 1827 à 1839, par *le même*. — 1 vol. in-4°.

SUR LA LONGITUDE DE L'OBSERVATOIRE ROYAL DE BRUXELLES, par *le même*. — 1 vol. in-4°.

RÉSUMÉ DES OBSERVATIONS MÉTÉOROLOGIQUES FAITES EN 1838 A L'OBSERVATOIRE DE BRUXELLES, par *le même*. — 1 vol. in-4°.

OBSERVATIONS MÉTÉOROLOGIQUES FAITES A MAESTRICHT pendant les années 1805-1812, par M. le professeur *Minckelers*. — 1 vol. in-4°.

RÉSUMÉ DES OBSERVATIONS MÉTÉOROLOGIQUES FAITES EN 1838 A LOUVAIN, par M. *Crahay*, professeur à l'Université catholique. — 1 vol. in-4°.

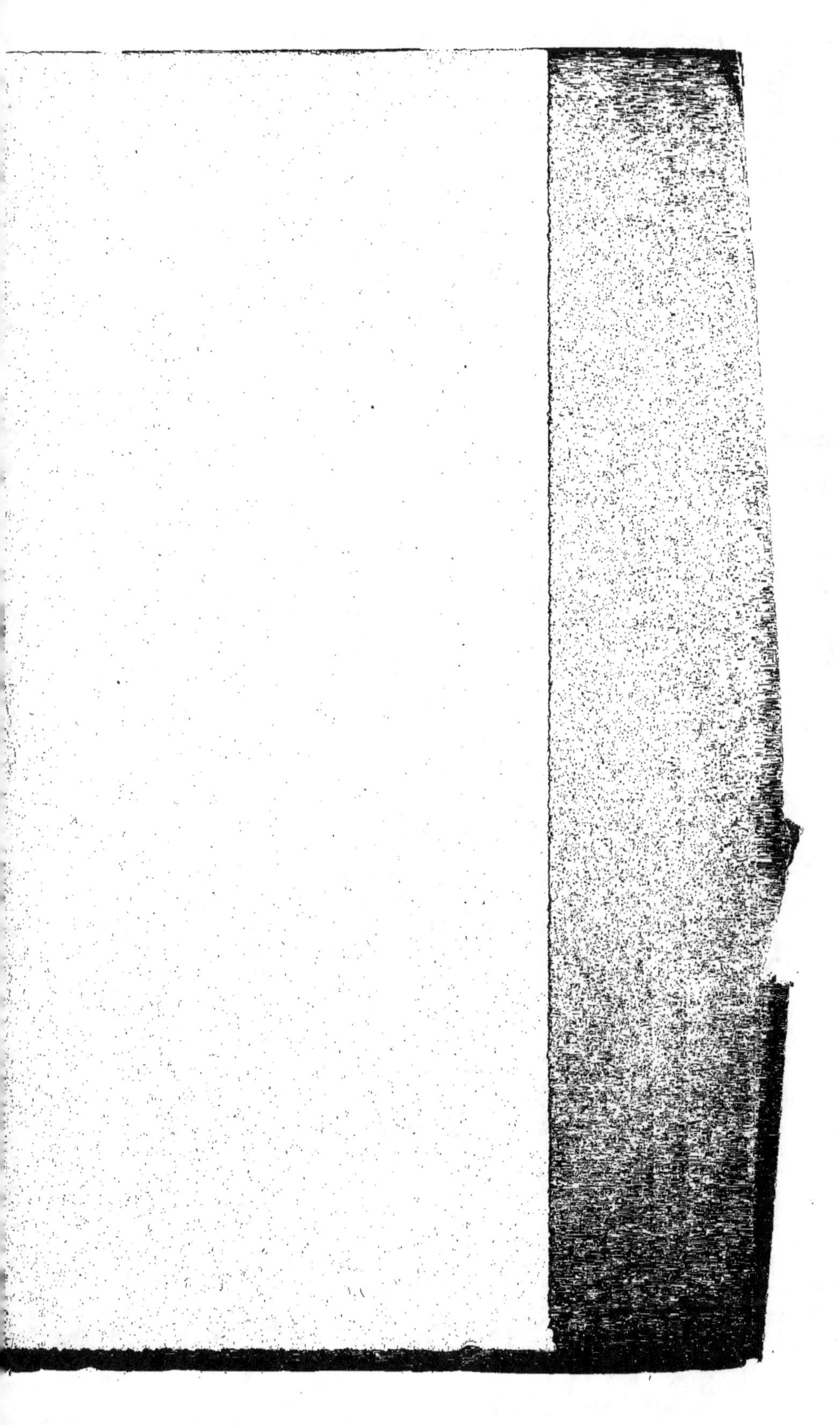

PLAN DE L'OUVRAGE.

Le Cours de Métallurgie générale professé à l'École des Arts et Manufactures et des Mines annexée à l'Université de Liége, par *Ad. Lesoinne*, Professeur ordinaire à la faculté des sciences de cette Université, etc., rédigé sur les notes de ce professeur et augmenté de renseignements nouveaux, par *Aug. Gillon*, Répétiteur à la même École, etc., formera trois volumes qui seront publiés en six parties :

Le Tome premier contiendra :

1re partie : Notions préliminaires ; Préparation mécanique.

2e partie : Fourneaux ; Machines soufflantes ; Combustibles ; Calcination et grillage ; Fondants et additions.

Le Tome deuxième donnera les Métallurgies de la fonte, du fer, de l'acier et de l'étain.

Le Tome troisième et dernier traitera du zinc, du cuivre, du plomb, de l'argent, du mercure, du bismuth, du nickel, de l'antimoine, de l'or, du platine, etc.

Un atlas gravé, du même format que le texte, accompagnera l'ouvrage.

La 2e partie du Tome premier est sous presse et paraîtra prochainement.

Les autres suivront rapidement ; la publication en sera accélérée autant que possible.